씽킹 베이스볼
Thinking Baseball

2020년 5월 20일. 코로나 바이러스로 인해 전국 고교
야구 선수권 대회(일명 고시엔 대회)가 전후 처음으로 취소되
었다. 큰 목표가 갑작스럽게 사라져버린 상실감과 절망감
을 느낄 수밖에 없었다. 다른 한편으로는 가던 길에서 잠시
벗어나 고교야구뿐만 아니라 운동부의 의미를 전반적으로
스스로에게 다시 묻는 계기가 되기도 했다.

　나는 지금 게이오기쥬쿠요치샤(초등학교)의 6학년 담임 교
사를 하면서 게이오기쥬쿠고등학교 야구팀의 감독을 맡고
있다. 감독이 되기 전에는 잠시 회사를 다니기도 했다. 우리
선수들 외에 여러 사람들을 만나 대화를 나누면서 고교야구

가 지닌 가치와 의미를 늘 스스로에게 질문하곤 했다. 고교 야구에는 교실에서는 얻기 힘든 가치가 분명히 있다.

- 어려움을 극복하며 성장한다.
- 스스로 생각하는 즐거움을 맛본다.
- 스포츠맨십을 기른다.

이런 가치를 학생들에게 전하기 위해서, 승리지상주의에 빠지지 않고도 승리할 수 있다는 사실을 증명하는 것이 나의 사명이다. 우리 팀은 문무양도[1]를 실천하기 위해 고시엔에 자주 나가는 학교들처럼 밤늦게까지 연습을 하지 않는다. 그럼에도 불구하고 2018년에는 경쟁이 매우 치열한 가나가와현의 대표로 봄여름 연이어 고시엔에 진출하기도 했다.

이 책에서 나는 지금 우리 고교야구가 안고 있는 여러 문제와 내 나름대로 생각한 해결 방법을 적었다. 당연하지만, 모든 팀이 나의 생각대로 해야 한다는 생각은 조금도 없다. 사람은 모두 저마다의 생각과 의견을 가지고 있다.

1 　문무양도(文武兩道) : 완전한 인간으로 성장하기 위해서는 학문과 무예를 모두 갈고 닦아야 한다는 의미를 담고 있다.

찬반양론이 있는 게 당연하다. 나의 생각을 이해해 주는 분이 있는가 하면, 고교야구는 그런 게 아니라고 말하는 분도 있다. 지도 방법이든 팀을 만들어가는 방법이든 여러 갈래의 길이 있을 수밖에 없다. 나는 취미로 등산을 자주 한다. 정상을 오르는 길은 여러 코스가 있다. 고교야구에도 다양한 지도 방법이 있으면 좋지 않을까 생각한다. 그저 선택의 폭을 넓히면 좋겠다는 의미로 나의 생각을 전할 뿐이다. 나의 이야기가 토론의 재료가 된다면 그걸로 충분하다.

허구연 KBO 총재

1968년에 고교대표팀의 일원으로 일본을 방문했을 때 눈에 들어온 풍경들을 나는 잊을 수가 없다. 에어컨이 나오는 건물들. 엄청난 속도로 지나가는 신칸센. 비가 오면 대나무를 이어붙인 우산을 쓰고 다녔던 나에게 현대화된 일본의 모습은 충격과 부러움으로 다가왔다. 야구장 역시 마찬가지. 한 번도 밟아보지 못한 잘 정돈된 잔디와 매끄러운 그라운드의 감촉이 너무나 좋아서 친구들과 계속 발로 밟으며 신기해했던 기억이 난다. 늘 연습이나 경기를 하기 전이면 굵은 자갈들을 골라내야 했던 학교 운동장과는 차원이 다른 환경에서 운동을 하는 일본 선수들이 부럽기만 했다. 어쩌면 내가 야구 인프라에 관심을 갖게 된 이유가 그때의 강렬했던 기억 때문인지도 모르겠다.

그 후로 50년이 넘는 세월이 훌쩍 지나갔다. 이제는 한국에도 10개의 프로야구팀이 생겼고, 일본과 비교하면 여전히 여러 면에서 부족하지만 선수들은 이전과는 다른 환경에서 운동을 하고 있다. 베이징 올림픽과 WBC, 프리미어12 등에서 여러 차례 일본에 승리를 거뒀다.

하지만 우리가 몇 차례의 국제 대회 성취에 취해 있는 사이에 일본 야구는 과거보다 나아졌다는 말로는 부족할 정도로 세계를 놀라게 하고 있다. 미국을 꺾고 WBC를 제패했으며, 오타니는 야구를 상징하는 선수가 되었다. 특히 지난 WBC 대회에서 미국과 중남미팀들을 상대로 일본이 보여준 경기 스타일은 일본 야구에 무언가 근본적인 변화가 일어나고 있다는 확신을 주기에 충분했다. 미국에서나 볼 수 있었던 시속 150km를 훌쩍 넘기는 투수가 NPB에도 우후죽순처럼 나오고 있다. 나는 그들의 변화가 어디에서 시작되었는지 알고 싶어 일본을 직접 찾아 협회와 구단 사람들로부터 많은 이야기를 들었다.

결론은 역시 인프라였다. 여기서의 인프라는 야구장 시설이나 환경만이 아니다. 바로 코칭과 선수육성 문화다. 나는 선수를 양성하는 방식이 유소년 단계부터 프로까지 우리가 알던 일본 야구와는 많이 달라졌다는 사실을 그들과의 대화를 통해 읽을 수 있었다. 야구장과 같은 환경이 하드웨어 인프라라면 코칭과 선수육성 문화는 소프트웨어 인프라라고 할 수 있다. 인프라를 만드는 데는 시간이 걸린다. 사실 지난 세월 동안 선수들이 운동을 하는 환경이 워낙 낙후되었기 때문에 그 부분을 개선하느라 우리가 소프트웨어 측면에는 상대적으로 관심을 덜 기울인 것이 사실이다. 우리는 부족한 소프트웨어를 지도자들의 열정으로 채워왔다.

『씽킹 베이스볼』을 읽으며 나는 일본 야구의 소프트웨어가 어떻게 업그레이드되고 있는지 내 머릿속의 복잡한 생각들을 정리할 수 있었다. 스포츠 과학이라든지 연습 방법의 차원을 넘어 일본의 야구와 스포츠 밑바닥에서 일어나고 있는 근본적인 혁신을 어떻게 우리 현실에 맞게 이끌어낼 수 있는지가 나에게는 숙제다. 한국 야구의 새로운 도약을 바라는 모든 분들과 함께 이 책을 읽으며 아이디어를 나누고 싶다.

최민규 한국야구학회 이사 / 전 일간스포츠 야구팀장

구와타 마스미씨를 처음 만난 때는 2008년 5월이었다. 요미우리 자이언츠 에이스였던 그는 앞선 2007년에 메이저리그 피츠버그 파이어리츠에서 한 시즌을 보내고

은퇴를 선언한 상태였다. 야구에 진심인 사람이었다. 선입
견과는 다른 점도 있었다. '구와타 로드'는 한국 언론에도
자주 소개됐던 단어다. 구와타씨는 1995년 팔꿈치를 다친
뒤 토미존 수술을 받았다. 가와사키 소재 요미우리 2군 구
장에서 재활에 매달리며 매일 러닝을 해 잔디가 말라 길이
났다고 한다. 국내에선 일본야구 특유의 강훈련을 상징하
는 단어였다. 하지만 직접 만난 구와타씨는 트레이닝 철학
이 무엇이냐는 질문에 "훈련을 너무 많이 하지도, 너무 적
게 하지도 않는 것이다. 중요한 건 균형"이라고 답했다. 토
미존 수술 뒤에도 구속을 되찾지 못했던 이유에 대해서는
"혹사가 영향을 미쳤을 것이다. 고교 시절 고시엔 대회에서
4~5일 연투를 했다"고 말했다.

인터뷰 말미에 그는 "와세다대학에서 공부를 하고 싶
다"고 했다. 오사카 PL고교 3학년 때 와세대대 진학 대신
요미우리 입단을 택한 일화는 유명하다. 그가 2009년 와세
다대 대학원에 진학했다는 소식을 들었을 때 희망을 이룬
것 같아 응원하는 마음이 들었다. 나중에 그가 쓴 석사학위
논문을 구해 읽었다.

충격이었다.

제목은 '야구도(野球道) 재정의에 따른 일본야구계의 발
전정책에 대한 연구'. 일본 야구를 신랄하게 비판하는 내용

이었다. 논문은 일본에서 야구가 이데올로기화한 과정을 추적한다. 야구는 2차 대전 적성국이던 미국의 스포츠였다. 자칫 야구가 사라질 위기에서 일본 야구인들은 정부와 군부의 입맛에 맞는 야구관을 만들었다. 논문 제목에 나오는 '야구도'다.

구와타씨는 야구도의 특징을 '연습량 중시', '정신 단련', '절대복종' 세 가지로 집약한다. 그리고 전쟁이라는 특수 상황에서 성립된 야구도가 현재와 미래 일본 야구의 이념이 돼서는 안 된다는 주장으로 나아간다. '연습량 중시'는 '연습질 중시(Science)', '정신의 단련'은 '마음의 조화(Balance)', '절대복종'은 '자신과 타인에 대한 존중(Respect)'으로 재정의돼야 한다고 했다.

논문을 읽은 뒤 '구와타씨는 교진(巨人)으로는 돌아가기 어렵겠구나'라는 생각을 했다. 구와타씨는 대학원 졸업 뒤에도 언론 등에서 활발하게 일본 야구를 비판해왔다. 일본 사회는 보수적이며 '와(和)'를 중시한다. 튀는 주장을 하는 반골은 경원시된다. 일본 야구도 보수적이며 요미우리는 가장 일본적인 프로야구단으로 꼽힌다.

이 생각은 틀렸다. 구와타씨는 2021년 투수코치로 요미우리 구단에 복귀해 올해인 2024년엔 2군 감독을 맡고 있다. 일본프로야구(NPB)는 2010년대 이후 질적으로 뚜렷한 발전을 했다. 양대 리그 중 퍼시픽리그가 변화를 선도했고 센트럴리그도 변화에 동참하고 있다. 구와타씨의 요미우리 복귀가 시사하는 점이다. 2023년 월드베이스볼클래식(WBC) 우승은 지금 일본야구의 성취를 잘 보여준다.

이 대회에서 한국 국가대표팀은 1라운드 탈락이라는 고배를 들었다. 언론과 야구계에서는 자성론이 일었다. 대형 국제대회에서 성과를 내지 못하면 늘 일어나는 일이다. 하지만 '핀트를 잘못 맞췄다'는 느낌을 받은 주장도 보였다. 대표적으로는 "이제 한국식 야구를 해야 한다"는 주장이었다. 후발 주자인 한국 야구가 선진 야구의 장점을 흡수해 발전해 온 역사에 눈을 감은 듯했다. 한국 야구도 가시적이든 그렇지 않든 과거와 달라진 점이 많다. 어떤 주장들에선 골치 아픈 변화를 거부하고 '좋았던 옛날'로 돌아가고 싶다는 퇴행마저 느껴졌다. '학생 야구에서 규율이 흐트러졌다'는 식의 시대착오적인 주장도 있다. 그런데 정작 한국 야구에 '한국적'인 게 과연 무엇인지를 묻는다면 딱히 답이 떠오르지 않는다.

한국 야구는 미국인 선교사 필립 질레트에 의해 시작됐다는 게 정설이다. 하지만 식민지 시대에는 일본 야구의 압도적인 영향력 아래에 있었다. 해방 이후에도 간접적인 영향력은 계속됐다. 구와타씨의 '야구도' 비판은 일본 야구의 영향을 받아왔던 한국 야구에도 그대로 적용할 수 있다.

일본은 2006년과 2009년 WBC에서도 우승을 차지했지만 당시에는 메이저리그 선수들이 지금처럼 100% 가까운 컨디션으로 뛰지 않았다. 2000년대 일본 야구는 국제대회에서 한국과 자웅을 가리기 어려운 접전을 치렀다. 하지만 프로 레벨에서 지금 양국간 차이는 1990년대 수준 정도로 벌어졌다.

일본 야구는 어떻게 달라질 수 있었을까? 『한국야구의 원류』를 집필한 오시마 히로시 작가는 아마추어 지도자들의 변화를 이유 중 하나로 들었다. 그는 "과거 일본 지도자들은 투수에게 러닝을 가장 중시하는 등 자기 경험에 기반한 주먹구구식 지도를 했다. 지금은 웨이트 트레이닝과 과학적인 훈련법을 강조하는 추세다. 제구력 중시 관점에서 탈피해 어린 투수에게 마음껏 던져보라고 말하는 지도자가 늘어났다"고 했다.

아마추어에서부터 변화가 일어났다는 견해에는 타당한 면이 있다. 일본 야구의 발전을 단적으로 보여주는 지표는 투수 구속이다. 2014년 일본프로야구(NPB) 포심패스트볼 평균 구속은 시속 141.5km였다. 한국의 KBO리그는 시속 141.0km로 큰 차이가 없었다. 그런데 지난해에는 NPB 시속 146.6km, KBO리그 시속 143.8km로 시속 2.8km나

차이가 났다. 구속 상승은 한두 개 구단이 아닌 12개 구단 모두에게서 뚜렷하게 나타나는 경향이다. 프로뿐 아니라 대학과 사회인 야구에도 시속 150km를 던지는 투수가 과거와는 비교할 수 없는 수준으로 늘어났다. 2023년엔 대학에 73명, 사회인 야구에는 91명이었다. 이런 규모의 전방위적인 변화라면 '뿌리'에 해당하는 아마추어 야구에서부터 뭔가가 일어났다고 봐야 한다.

모리바야시 다카히코 게이오기쥬쿠고교 야구부 감독은 일본 야구의 변화를 상징하는 지도자 중 한 명이다. 그는 2023년 12월 코치라운드가 주최한 강연에서 "일본 야구의 낡은 가치관과 싸우고 있다. 집단에 자기를 맞추는 동조 압력, 변화에 소극적인 구태의연함, 지도자와 선수, 선배와 후배 사이의 상명하복과 절대복종, 스스로 생각하지 않고 익숙한 것을 따르는 고정관념에서 벗어나야 한다"고 말했다.

일본 야구는 달라지고 있다. 일본 야구가 버리고 있는 낡은 것들을 '한국적인 야구'라는 이름으로 껴안으려는 태도는 어리석다. 이 책은 현직에서 고교야구 선수들과 호흡하고 있는 모리바야시 감독이 일본 야구에 대해 어떤 생각을 하고, 어떤 변화를 추구하는지를 다루고 있다. 한국 야구계에서도 널리 읽혀야 할 책이라고 확신한다.

최선호 더홉티 스포츠멘탈코칭센터 대표

나는 스포츠 멘탈코치 이전에 체육을 전공한 체육인으로써 우리의 스포츠 교육 현장에서 일어나고 있는 일들이 어디서부터 잘못되어 여기까지 왔는지 늘 궁금했다. 선수들을 위하고 사랑하는 마음이 넘치는 스포츠 코치들의 열정과는 달리 그 마음을 전달하는 방식에서 너무도 큰 차이를 볼 때마다 안타까움을 떨칠 수가 없었다. 그러나 비난은 누구나 할 수 있다. 어쩌면 가장 쉬운 방법일지도 모른다. 하지만 비난은 해결책이 될 수 없다. 지금 필요한 것은 대안이다.

이 책에는 마치 일본이 아닌 한국 스포츠의 고질적인 문제를 분석한 듯한 내용들이 담겨있다. 여러 원인들이 있겠지만 시스템을 바꾸는 것은 매우 어려운 일이고 시간도 오래 걸린다. 어쩌면 교육자 한 사람 한 사람이 바뀌는 것이 가장 빠르고 효율적인 방법일 수 있다. 그런 면에서 이 책은 학생 스포츠 지도자로서의 자기 반성과 더불어 비판과 대안을 다양한 방식으로 소개하고 있다.

"내가 또 하나 마음속에 늘 의식하는 것은 '가르쳐서 키운다'가 아닌 '함께 자란다'는 생각이다. 교육은 지도자가 위에 있고 선수를 가르쳐서 키운다는 의미가 크다. 공육(共育)은 지도자와 선수가 함께 성장한다는 의미를 담고 있다. 나는 선수의 발전 못지 않게 나 자신의 발전에도 관심이 많다. 지도자가 선수보다 발전 속도가 빨라야 한다. 그렇지 않으면 새로운 연습 방법이나 야구 이론, 최신 트랜드에 적응하지 못하고 뒤쳐지게 된다. 인간은 아무래도 자신이 해온 경험 안에서 살게 된다. 한 사람의 성장은 실제로 경험하지 않은 일을 얼마나 받아들일 수 있느냐에 따라 크게 달라진다. 지도자의 성장은 자연스럽게 선수의 성장으로 연결된다." - 책 중에서

모든 스포츠 교육자들은 그들이 꿈꾸는 이상적인 지도자상을 가지고 있다. 하지만 결과에 주로 초점을 맞추다 보니 과정을 채우기 위한 고뇌와 도전이 멈추어 선 것은 아닐까? 교육Edu-cation의 어원을 살펴보면 동양적 의미에서는 윗사람이 아랫사람을 가르치고, 아랫사람은 윗사람에게 배우는, 소위 말해 '외부의 힘'에 중심을 두는 교육관을 보여준다. 반면 서양에서는 배우는 이가 잠재능력과 적성 등이 잘 발현할 수 있도록 이끌어 내는 '내부의 힘'에 중심을 두고 교육을 바라본다. 아마도 우리는 동양의 교육 철학에 뿌리를 둔 방식이 그대로 반영된 것이 아닐까?

나는 선수들을 교육하는 모든 지도자들이 선수를 진심으로 사랑하고, 성장을 돕고자 하는 마음이 크다는 사실을 추호도 의심하지 않는다. 다만 그 사랑과, 그 마음을

제대로 전달하는 방법을 모르고 있을 뿐이다. 그렇기 때문에 가르치는 '티칭(Teaching)'에 더해 이끌어내는 '코칭(Coaching)'의 방법을 배우고 익혀야 할 때라고 믿는다. 코치는 물론이고 제자와 팀의 성장을 돕고자 하는 많은 스포츠 교육자들에게 필독서가 되어야 할 교과서로 모리바야시 감독의 책을 추천한다.

유정민 한광BC 감독

일본 프로야구의 대투수였던 구와타 마쓰미가 일본의 야구도를 비판하는 글을 읽은 적이 있다. 구와타가 쓴 그 글에는 메이지 유신 시절 서구 문물과 함께 들어온 야구가 당시 일본 전체를 지배하고 있던 군국주의 정신과 결합해 자리잡게 된 과정을 소개한다. 전쟁에서 군인들이 수단과 방법을 가리지 않고 이겨야 하듯 경기도 승리가 전부라는 마음으로 임해야 하는 것이 일본의 야구도다. 군대식 상명하복, 삭발에 가깝게 짧게 자른 머리, 줄을 맞춰 함께 소리를 지르며 뛰는 구보 등은 군대의 모습과 별반 차이가 없다. 구와타는 태평양 전쟁이 끝난지도 50년이 넘었는데 여전히 일본의 야구가 그런 군국주의가 낳은 구태에서 벗어나지 못하고 있다는 점을 안타까워했다. 나는 일본야구를 비판하는 구와타의 자기고백적인 글이 크게 와닿았다.

그런 와중에 작년 일본의 고교야구에는 큰 이변이 일어났다. '엔조이 베이스볼(enjoy baseball)'이라는 캐치프레이즈를 내건 게이오기쥬쿠고등학교가 여름 고시엔에서 우승을 차지한 것이다. 그들은 전통적으로 고시엔에 참가하는 팀들과는 다른 모습을 보여주었다. 머리를 자유롭게 기른 채 경기장에 나왔고, 감독의 지시보다는 선수 스스로 생각하고 움직이는 연습과 경기 방식으로 일본의 전국민이 주목하는 대회에서 우승까지 이루어냈다. 우리보다 더 보수적이고 엄격하기로 소문난 일본야구계를 흔든 사건이 벌어진 것이다.

나는 모리바야시 다카히코 감독을 소개한 글과 강연 등을 접하면서 마치 헤어졌던 쌍둥이 형제를 만난 것처럼 놀랍고 감격스러웠다. 나 역시 내 나름대로 정의한 '행복야구'를 학생들에게 경험시켜 주기 위해 꾸준히 노력해왔다. 제법 오랜 시간의 시행착오와 도전이 그런대로 결실을 맺어 나와 함께 한 선수들은 재미있고 자기결정권이 있는 야구를 즐기고 있다. 하지만 선수에게 스스로 생각할 시간과 자율적으로 선택할 수 있는 기회를 주는 팀 운영 방식을 바라보는 주변의 시선은 늘 따가웠기에 나와 비슷한 철학과 시스템으로 고시엔까지 제패한 이웃나라 감독의 이야기를 들었을 때 그 기쁨은 이루 말할 수 없었다!

오랜 편견과 싸워온 모리바야시 감독의 노력에 큰 박수를 보낸다. 그리고 너무나 고맙고 감사하다. 선수 스스로 결정하고 즐기는 행복한 야구를 만들기 위해 소신과 철학을 가지고 고군분투하고 있는 모든 지도자분들께 응원의 마음을 담아 이 책을 권하고 싶다.

조현수 천안남산초등학교 야구부 감독

『씽킹 베이스볼』은 선수를 효과적으로 성장시키면서 동시에 팀 전체의 에너지를 극대화시키는 방법과 전략을 좋은 예시들과 함께 소개한다. 특히 요즘 시대의 어린 선수들에 맞는 지도 방식을 알려주는 지침서로 매우 유익하다. 단순히 야구에 국한된 기술적인 부분만이 아닌 팀워크와 페어플레이 정신을 함양하기 위한 구체적인 방법도 다루고 있다. 모리바야시 감독은 야구를 단순한 운동 이상의 가치가 있는 인간 발전의 장으로 삼고 있다. 선수로서뿐만 아니라 한 사람의 인간으로서 정신적으로 성장하는 데 야구가 도움을 주어야 한다고 믿는다. 나도 동의하는 부분이다. 『씽킹 베이스볼』에는 야구와 스포츠의 발전을 위한 아이디어가 가득 들어있다. 나는 비록 유소년에게 야구를 가르치는 지도자이지만 종목에 관계없이 모든 지도자분들께 도움이 되리라 생각한다. 스포츠의 가치와 본질에 대해 고민하고 있는 지도자, 스포츠맨십을 고취시키는 방법, 보다 효과적인 지도 방식을 찾고 있는 분들에게 모리바야시 감독의 책을 강력히 추천한다.

김종민 NC 다이노스 코치

모리바야시 감독의 책을 읽으며 프로야구 현장에서 선수들을 지도하는 나 자신을 돌아보는 시간을 가질 수 있었다. 우리는 자신이 가지고 있는 고정관념이라는 틀 안에서 미리 정답을 정해놓는 경우가 많다. 그러면서도 선수가 창의력을 발휘하면서 성장하길 원한다. 『씽킹 베이스볼』은 스스로 생각할 줄 아는 선수, 창의적인 선수로 발전하기 위해 지도자와 선수가 어떤 환경 속에서 함께 나아가야 하는지 그 길을 제시해 주고 있다.

정용철 서강대 멘탈코칭과 창의적 리더십 협동과정 주임 교수 / 체육시민연대 공동대표

모리바야시 감독은 "모리바야시씨! 이건 아닌 거 같은데요?'라며 반문하는 선수를 좋아한다. 그렇게 반문하는 선수가 스스로 생각하는 선수이기 때문이다. 스스로 생각하는 야구의 장점은 야구가 자연스럽게 재밌어진다는 점이다. 야구가 재미있을 때 선수는 누가 시키지 않아도 간절하게 잘하고 싶어진다. 그는 실수를 허용하는 지도자, 더 나은 인간을 기르는 지도자, 이를 통해 선수들과 함께 성장하는 공육(共育)의 지도자다. 그는 맡기고 믿고 기다리고 용납한다. 동시에 머리를 빡빡 깎고 고시엔에 목숨 거는 일본 고교야구의 광기를 차분히 의심한다. 정신력을 기른다며 국가대표 선수들을 해병대에 입소시키는 대한민국 스포츠의 현실과 완벽하게 대비된다. 이 책을 읽고 야구를 하면 이렇게 멋진 인간으로 자라난다는 것을 다시 믿게 된다.

이후정 상지대학교 소프트볼팀 감독

코치라운드라는 사이트를 처음 접했을 때 내가 추구하는 소프트볼 시스템과 비슷한 내용들이 많아 이후로 계속 관심을 가지고 들여다보고 있다. 코치라운드에서 발간되는 책들 역시 마찬가지다. 책을 읽으며 지도자로써 선수들을 지도하는 방식을 돌아보고 정리하는 계기가 되고 있다. 모리바야시 감독은 학생 스포츠가 단순히 스포츠 이상의 가치를 지니고 있어야 한다고 말한다. 학생 스포츠에 대해 어른들 대다수가 품고 있는 고정관념을 지적한다. 지도자가 오히려 선수의 성장을 방해할 위험에 대해서도 이야기한다. 낡은 시대의 호랑이 감독에 대한 환상이 여전히 남아 있으며 일방적으로 억누르는 지도 방식은 왜 사라지지 않는가 하는 모리바야시 감독의 의문은 우리 스포츠도 답해 볼 가치가 있는 질문이다. 코칭의 원칙에 충실한 지도를 하고 싶은 지도자들에게 『씽킹 베이스볼』은 좋은 길잡이가 되리라 확신한다. 저마다의 꿈을 간직한 채 그라운드에서 매일 땀을 흘리는 선수들과 더불어 변화하면서 성장하고 싶은 지도자들에게 이 책을 추천한다.

최문희 FLP컨설팅 대표

모리바야시 감독의 믿음은 명확하다. 그는 선수들이 경기장을 떠난 후의 삶에서도 지속적으로 성장하고 승리하기를 희망한다. 그에게 학창 시절의 야구는 선수들이 스스로 생각하고 판단하는 힘을 기르는 장이다. 지도자에 대한 정의도 남다르다. '가르쳐서 키운다(教育)'가 아닌 '함께 자란다(共育)'는 철학으로 선수와 지도자가 함께 성장하는 지도자 모델을 강조한다. 『씽킹 베이스볼』은 비단 스포츠 지도자뿐만 아니라 교육자, 부모, 그리고 조직의 리더들에게도 큰 영감을 주는 책이다. 함께 하는 성장과 변화를 원하는 모든 이들에게 일독을 권한다.

| 목차 |

1장　'고교야구다워야 한다'는 말의 실체

4장   다시 내리는 고교야구의 정의

고교 야구의 가치를 다시 생각한다

해마다 봄과 여름에 열리는 고시엔 대회는 전국적으로 주목을 받는다. 모든 경기가 일본 전역에 생중계될 정도다. 하지만 나는 고시엔 대회를 볼 때마다 걱정스러운 마음이 올라온다. 고등학생들이 어른들의 이기주의에 휘둘리고 있는 것은 아닌지, 그로 인해 고교야구의 가치를 점점 잃어가고 있는 것은 아닌지 걱정스럽다. 지나친 선수 관리, 승리에 집착한 나머지 만연하게 일어나는 부정 행위, 고등학생을 어른의 이상형에 맞추려고 하는 동조 압력[1] 등 고시엔

---

1   동조 압력(同調圧力, peer pressure): 집단 안에서 소수 의견을 가진 사람에게 다수의 의견에 맞출 것을 압박하는 분위기를 의미한다.

의 화려함 이면에는 많은 문제가 숨어 있다.

여름 고시엔은 2018년에 기념비적인 100회 대회를 맞이했다. 하지만 이대로 가면 이후의 100년을 장담하기 어렵다고 나는 생각한다. 200회 대회를 맞이하지 못하고 사라질 지도 모른다. 지금이야말로 고교야구가 지닌 가치를 함께 되짚어봐야 할 시기다. 고교야구가 지닌 가치는 무엇일까? 고등학생들은 야구를 하면서 무엇을 습득해야 하는 것일까?

어려움을 극복하며 성장한다

첫 번째로는 어려움을 극복하면서 성장하는 경험을 꼽을 수 있다. 요즘 들어 운동부 활동은 따가운 눈총을 받고 있다. 수업이 우선시되고 교사의 부담을 줄이는 방향으로 가면서 운동부 활동이 축소되는 흐름이다. 이런저런 이유로 '운동부 활동은 할 게 못 된다'는 분위기도 퍼지고 있다. 안타까운 일이다. 하지만 운동부 활동에는 교실에서는 좀처럼 얻기 힘든 '고난 속의 성장'이라는 가치가 있다.

운동을 하다 보면 어느 팀, 어떤 선수라도 고민이 생기고 힘든 과정을 겪게 된다. 그러한 어려움을 어떻게 상대해야 할까? 어떤 방식으로 극복할 것인가? 어려움을 극복하는 과정을 통해 자신을 성장시킬 수 있는가? 팀도 성장할 수 있는가? 어려움을 겪으며 이런 질문에 대한 답을 찾는 과정은 어린 선수들에게 큰 의미가 있다.

스스로 생각하는 즐거움을 맛본다

두 번째 가치는 스스로 생각하는 즐거움을 맛볼 수 있다는 점이다. 사실 시키는 대로 하는 것이 쉽다. 스스로 생각하는 것이 어렵다. 우리 팀은 하나부터 열까지 일일이 가르치는 식의 지도는 하지 않는다. 어떻게 던지고, 어떻게 치고 싶은지 선수 스스로 생각한다. 자기 나름대로 과제를 찾고, 고민에 고민을 거듭하다가 어느 순간 문득 해법을 발견하는 과정을 중요하게 여긴다.

어릴수록 타격과 수비, 피칭 등을 꼼꼼하게 가르쳐야 한다는 의견도 이해는 한다. 당장 성과를 낼 수 있는 지름길이기도 하다. 하지만 그런 지도를 받은 선수에게 무엇을 얻었냐고 물으면 "감독, 코치님 말씀대로 하니까 잘 됐어요." 하는 대답 밖에 하지 못한다. 그래서는 설령 프로야구 선수가 되었다고 해도 어떤 문제에 맞닥뜨렸을 때 주저앉을 가능성이 높다. 꾸준히 성과를 내면서 더 큰 선수로 성장하기가 어렵다. 스스로 생각하는 힘이 없기 때문이다.

내가 가르치는 초등학교 아이들도 비슷하다. 요즘은 방과 후에 학원을 다니면서 배우는 아이들이 많다. 아이들이 어른으로부터 배우는 것에만 익숙해져 있다. 무엇이든 가르쳐 달라고만 한다. 야구도 마찬가지다. 요즘은 아주 어린 나이부터 학원에서처럼 가르친다. 공과 배트를 잡는 법부터 해서 무엇이든 가르친다. 이렇게 가르치기만 해서는 아이들이 '스스로 찾는' 경험을 할 수가 없다. 아이가 잘 배웠으면 하는 부모와 어른들의 마음은 이해한다. 하지만 어른들의 마음이 앞서서 무엇이든 그렇게 하나하나 가르치는 게 과연 좋은 일이라고 할 수 있는지 나는 의문이다.

내가 어렸을 때는 공터만 있으면 아이들끼리 모여 손야구, 삼각 베이스[2]같은 경기를 하며 놀았다. 5학년과 1학년이 함께 경기를 할 때는 "1학년이 같은 규칙으로 경기를 하면 불리하니까 조금 앞에서 쳐도 괜찮아." 하면서 나름대로 핸디캡(!)을 만들기도 했다. 어린 아이라도 나름대로 그 나이에서 할 수 있는 생각을 하며 경기를 했다고 할 수 있다. 물론 어린 아이들이 모든 것을 스스로 생각하기는 어렵다. 경우에 따라서는 잘못된 판단을 할 수도 있다. 그렇더라도 스스로 생각할 수 있는 여지를 자주 제공해 주어야 한다.

하지만 요즘은 정반대로 가고 있다. 어른들이 아이들을 줄로 단단히 묶어서 끌고 가고 있는 모습이다. 어른이 시키

---

2   2루 베이스 없이 하는 야구 놀이의 한 종류

는 대로 따라가기만 한다. 그렇게 되면 아이는 그 줄이 끊어졌을 때 어느 길로 가야 할지 갈팡질팡할 수밖에 없다.

특히나 고교야구의 세계는 배타적인 의식이 지배하고 있다. 다른 스포츠에 견주어 보면 코칭 스타일의 폭이 상당히 좁은 편이다. 허용되는 범위가 극도로 작다. 조금이라도 상식이라고 여겨지는 범위를 벗어나면 "고교야구는 그래서는 안돼.' 하는 식으로 쉽게 비난을 한다. 빡빡머리를 강요하는 문화가 대표적이다. 사람마다 코칭의 스타일은 다르다. 하나하나 자세히 지도하는 방법도 나는 존중한다. 하지만 나의 코칭 철학은 아니다.

스포츠맨십을 기른다

'스포츠맨십(sportsmanship)'

우리가 자주 듣는 말로 보통은 운동 선수가 지녀야 할 태도 정도로 인식하고 있다. 하지만 내가 볼 때는 운동 이상의 의미가 있는 단어다. 내가 정의하는 스포츠맨십은 선수뿐만 아니라 인간으로서 기본적으로 갖추어야 할 자세다. 스포츠맨십을 기르기 좋은 수단이 바로 스포츠라고 할 수 있다.

나는 지도자가 된 후에야 스포츠맨십의 가치에 대해 제대로 공부했다. 스포츠맨십을 구성하고 있는 내용들을 접

하고 깊이 공감했다.

- 상대와 규칙, 심판을 존중한다.
- 용기 있게 강한 상대에게 도전하며 여러 플레이를 시
  도한다.
- 어떤 결과가 나오더라도 겸허히 받아들인다.

이러한 내용들이 내가 인식한 스포츠맨십의 요소들이
다. 특히 이겼을 때보다 졌을 때가 중요하다. 그런 힘든 상
황일수록 진정한 인간성, 스포츠맨십이 드러난다. 분하게
경기를 지고 나서도 예의 바르게 상대를 존중할 수 있는가?
심판이나 그라운드 상황, 팀 동료의 탓으로 돌리지 않고 패
배를 그대로 받아들일 수 있는가?

이와는 반대로 사인 훔치기를 비롯해 이기기 위해 수
단, 방법을 가리지 않는 태도를 보이는 선수와 지도자들이
있다. 물론 스포츠의 기본 토대가 승부이기 때문에 져도 된
다는 말은 절대로 아니다. 경기에서의 승리는 지도자와 선
수 모두 반드시 추구해야 할 가치다. 요즘 들어 승리지상주
의라는 이름으로 승리를 추구하려는 노력을 나쁜 의미로만
받아들이는 경향이 있어 다소 안타깝다. 승리를 쫓지 않으
면 스포츠는 성립되지 않는다. 온 힘을 다해 상대에 도전하

고 승리를 추구한다. 정해진 규칙 안에서 머리를 짜내어 이길 방법을 찾는다. 그러면서도 인간으로서 가야 할 길을 벗어나지 않는 것이 스포츠맨십이다.

야구 경기를 보다 보면 곁눈질로 포수의 위치를 확인하는 타자들이 있다. 공부로 치면 컨닝을 하고 있는 셈이다. 이런 행동을 지도자가 그냥 놔두면 어떻게 될까?

"무슨 짓을 해도 좋으니까 무조건 합격해."
"나는 못 본 걸로 할 테니 들키지 말고 잘해."

이는 마치 교사가 이렇게 말하는 것과 같다. 과연 이것이 학생을 가르치는 사람으로서 올바른 태도일까? 솔직히 말하면 이런 모습을 보여주는 팀이 제법 많다. 운동을 하면서 이런 태도와 마인드가 자리잡게 되면 세상에 나가서 "그렇게 하면 안 된다'는 말을 들어도 그다지 와닿지 않을 것이다. 운동을 하면서 학생들이 올바른 가치관을 정립하도록 해야 한다.

지도자가 오히려 선수의 성장을 방해할 위험
본래 어린 선수들의 성장은 자연스러운 현상이다. 그런데 가끔 보면 "저 선수는 내가 가르쳤어."라는 말을 입에 달고 사는 지도자들이 있다. 번지수를 완전히 잘못 짚은 말이다. 어릴 수록 몸도 마음도 미숙하다. 그 말은 곧 성장의 가능성이 크다는 의미다. 어른들이 특별히 손대지 않아도 아이들은 스스로 성장해 나간다. 어쩌면 그런 자연스러운 성장을 방해하지 말고 도와주는 것이 어른의 역할이다. 어른의 생각에 좋다고 판단해서 어린 아이를 이래저래 손을 대는 경우가 많다. 그런 가르침들이 오히려 아이의 성장을 방해하는 것은 아닌지 따져볼 일이다.

물론 모든 지도가 아이들의 성장을 방해한다고 단정적으로 말하고 싶은 생각은 없다. 하지만 '꼼꼼하게 가르칠수록 아이들은 좋아진다'는 믿음에 대해서는 한 번 돌아보았으면 한다.

'일일이 자세히 가르치는 것이 오히려 성장을 방해하지는 않을까?'

지도자에게는 이런 문제 의식이 필요하다. 나 역시 날마다 선수들을 코칭하면서 되새기는 부분이다. 어떤 동작을 지도하면 좋아질 때도 있지만, 어떤 경우에는 손을 댈 때마다 나빠지기도 한다. 지도자라면 원하는 결과가 나타나지 않을 수 있음을 이해하고 가르치는 행동을 두려워해야 하는데, 그렇지 못한 지도자들이 있다. 그런 지도자들은 입으로는 '선수들의 성장, 팀의 승리'를 말하지만 결국은 자신을 드러내고 싶은 사람들이다. 공부할 시간도 빼앗고 마치 로봇처럼 야구만 하게 해서 성과를 낸다. 그렇게 학창 시절을 보낸 후에 선수에게 아무 것도 남는 게 없다면 지도자는 참으로 무거운 죄를 짓는 것이다.

고교야구는 3년에 불과하지만 선수에게는 60~70년에 이르는 기나긴 인생이 기다리고 있다. 고교 시절의 경험이 오랜 세월에 걸쳐 커다란 영향을 미친다는 점을 지도자는 분명히 인식하고 지도해야 하다. "야구만 잘 하면 돼." 이런 말을 흔하게 듣는 환경에서 일상을 보내면 선수는 당연히 그렇게 생각하게 된다. 당장 야구 실력은 더 좋아질지 몰라도 인생에서 선택의 폭을 좁히고 가능성을 낮추는 말이다. 정말 선수의 미래를 최우선으로 생각한다면 그런 말은 절대로 해서는 안된다.

휘둘리느냐 사용하느냐: 데이터와 감성

저마다 자신만의 가치관을 바탕으로 행복을 추구하는 시대로 바뀌어 가고 있다. 지금까지 사람들은 대기업에서 일하고, 결혼해서 자식을 키우고, 내 집을 마련하는 전형적인 삶의 모습을 꿈꾸었다. 하지만 이제는 그런 평균적인 행복을 추구하는 경향은 점점 사라지고 자신만의 가치관으로 인생을 만들어 나가는 시대로 변모하고 있다.

그런 세상에서는 '자신만의' 가치관이 없으면 남에게 휘둘려 살게 된다. 지금 우리의 삶에서도 그런 모습을 볼 수 있다. 가끔은 네비게이션이 알려주는 대로 가다가 엉뚱한 길로 들어서는 경우가 있다. 나는 왠지 아닌 것 같은데 맛집 평가 사이트에서 다들 맛집이라고 하니까 찾아간다. 프로그램을 이용해 자신에게 맞는 직종이나 회사를 진단받기도 한다. 이러한 도구들에 너무 기대어 살게 되면 인간으로서 본래 가지고 있는 감성이 점점 무뎌진다.

정보를 얻는 데는 능숙해질지 모르지만 결국 마지막에 중요한 것은 감성이다. 야구도 마찬가지다. 경기 전 전력 분석을 통해 상대 투수의 패스트볼을 집중적으로 노리자는 전략을 세운다. 그런데 타석에서 상대 투수의 공이 사전에 인지한 구속 이상으로 빠르다고 느낀다. 데이터 분석을 통해 패스트볼을 노리기로 했지만 과감하게 변화구로 타겟을 바꾼다. 그렇게 바꾸어도 아무 문제가 없다.

전체를 100이라고 한다면 데이터가 50을 넘는 일은 왠만해서는 없다. 데이터를 모아 선수에게 필요한 정보를 알려주었다고 해도 데이터가 영향을 미치는 것은 실제로는 50미만이다. 결국 감성이 발달해야 현실에서 발빠르게 대응할 수 있다. 결국 휘둘리느냐 사용하느냐의 문제다. 데이터든 AI든 그것에 휘둘리지 말고 사용하는 쪽에 있어야 한다.

'고교야구다워야 한다'는
말의 실체

야구 선수는 빡빡머리여야 한다는
고정관념

21세기에 접어든 지도 벌써 20년이 훌쩍 지났지만 여전히 대부분의 고교야구 선수들은 빡빡머리다. 사실 삭발 자체가 큰 문제는 아니다. 그보다는 '고교야구 선수라면 머리를 밀어야지. 머리를 기르는 건 고교야구 선수답지 않아.' 이런 동조 압력이 문제다. '예전부터 머리를 밀어왔으니 계속 그렇게 해야지.' 구태의연한 관례를 별다른 의문을 가지지 않고 따라하기만 하는 것이 근본적인 문제다. 함께 진지하게 생각해야 할 부분이다.

선수와 충분히 논의한 다음에 머리를 밀기로 했다면 아무런 문제가 없다. 우리 팀도 선수가 머리를 짧게 깎고 싶다고 하면 말리지는 않는다. 선수가 원해서 그렇게 하고 싶다면 당연히 그 뜻을 존중해준다. 실제로 100여 명 정도의 선수들 중에 몇 명은 빡빡머리다. 단, 완전한 자유를 주지는 않는다. 앞머리가 눈에 걸려서 공이 잘 안 보이거나, 공

1장 '고교야구다워야 한다'는 말의 실체 41

을 던질 때마다 모자가 벗겨져서 야구를 하는데 지장이 생길 정도로 머리가 길면 나의 판단으로 제한을 둔다. 그 선만 잘 지키면 된다. 헤어스타일이 야구를 하는 데 지장이 없으면 된다.

나는 개인적으로 삭발이 주종 관계의 상징처럼 여겨져서 바람직하지 않다고 생각한다. 예전에도 그랬고 지금 역시 실수를 하거나 팀에서 정한 규칙을 어긴 선수에게 벌로서 강제 삭발을 시키곤 한다. 하루 빨리 없어져야 할 문화다.

사실 게이오기주쿠고등학교 야구부는 전후 얼마 지나지 않은 시점부터 이미 삭발을 강요하지 않고 있다. 야구는 기본적으로 스포츠이고 즐기는 것이며, 야구를 하기 위해 삭발을 강요하는 것은 이상하다는 생각이 우리 학교에는 오랫동안 자리 잡고 있다. 최근 고시엔에 자주 진출하는 학교 가운데에도 아사히카와다이, 아키타츄오, 하나마키히가시와 같이 삭발을 하지 않는 팀들이 있다. 특히 아키타츄오고등학교에는 내가 봐도 헤어스타일이 멋있는 선수가 많다. 앞으로 이런 학교가 더 늘어날 거라 생각한다.

지금은 변화가 일어나는 출발선에 있으며, 앞으로 5년, 10년 후에는 문화가 크게 바뀔 것으로 본다. 우리가 속한 가나가와현에서도 선수의 두발 규정을 검토하고 있는 학교가 꽤 많은 것으로 알고 있다. 동료 지도자들을 만나면 "빨리 바꾸는 게 좋아요. 나중에 하면 뒤늦게 쫓아가는 모습이 되니까요." 이렇게 말하며 변화를 권하곤 한다. 어쩌면 생각보다 빠른 속도로 변화가 일어나지 않을까 싶기도 하다. 그래도 여전히 '고교야구 선수는 머리를 밀어야지'라는 고정관념을 가진 사람들은 일정 부분 존재할 것이다. 하지만 일단 흐름이 바뀌면 상당수의 팀들이 변화를 따라갈 것으로 예상한다.

스스로 생각할 줄 아는 사람이 다른 사람의 의견을 존중한다

위에서 언급한 두발의 사례처럼 지도자가 진지한 고민 없이 무언가를 강요하는 것은 선수의 주체성을 빼앗는 행위다. 게이오기쥬쿠에는 '독립자존'이라는 말이 전해져 내려오고 있다. 주위의 의견에 휘둘리지 않고, 자기 발로 서서, 자신의 눈과 귀로 정보를 모은 다음 자기 생각을 분명하게 가진다는 뜻이다. 내 안에 독자적인 생각이 있음을 자각하는 사람은 다른 사람들도 저마다의 생각이 있음을 이해하고 존중하게 된다.

이와는 반대로 자기만의 생각이 없는 사람은 다른 사람들도 자신만의 분명한 생각이 없을 거라는 착각에 빠지기 쉽다. "애들이 그런 생각을 하겠어요?" 이런 말을 자주 하는 지도자일수록 그런 믿음이 강하다. 그런 지도자에게는 고등학교 시절 자신의 의견을 갖는 것은 있을 수 없는 일이었다. 그래서 요즘 선수들도 자신만의 생각이나 의견이 있을 리 없다고 단정짓는다. 독단적으로 연습 방법을 정해서 반강제로 시킨다. 그렇게 하는 게 승리를 위한 지름길이라고 믿는다. 선수가 조금이라도 다른 의견을 말하면 이해하려는 노력 없이 질책을 하면서 선수의 생각을 부정한다. 선수는 위축되고 점점 자신의 생각을 입 밖으로 내지 않게 된다. 당연히 잘못된 방식이다. 사람은 누구나 자기 의견이 있는 것이 당연하다.

물론 학창 시절에 모든 게 완성될 수는 없다. 자신의 생각을 분명하게 가져가는 과정도 학교를 졸업하고 사회인으로 살아가면서 조금씩 발전하기 마련이다. 학창 시절에는 그 의미를 조금씩이라도 전달하는 게 중요하다. 지금 바로 완벽하게 이해하지는 못하더라도 훗날 어른이 된 후에 참뜻을 이해하면 된다. 그런 의미에서도 눈앞의 성과를 내는 데만 혈안이 되지 않도록 주의해야 한다.

사람은 저마다 나름의 생각과 의견이 있다는 사실을 전제로 해야 다른 사람과의 차이를 받아들일 수 있다. 그런 전제가 바탕이 되어야 지도자와 선수 사이에도 제대로 된 토론을 할 수 있다. 예컨대 "지금은 1루가 아니라 3루에 던졌어야 하는 거 아니야?"라고 선수에게 물었을 때 선수는

"~이런 이유 때문에 1루로 던졌다"는 의견을 말할 수 있다. 그 이야기를 들으면 나는 "지금같은 경우라면 3루로 던져도 아웃시킬 확률이 높았다고 생각해. 하지만 너의 판단도 일리가 있네." 이렇게 선수의 의견을 존중하면서 조언을 할 수 있다. 이런 대화는 다양한 상황에서 응용할 수 있다. 지도자와 선수 사이에 이런 방식으로 질문과 대답을 주고받는 게 당연해지는 팀은 틀림없이 발전한다.

선수끼리 의견을 주고받는 것도 아주 좋은 일이다. 서로 자신의 생각을 이야기하고, 그걸 듣고 있던 주변의 선수들도 의견을 덧붙이면서 더욱 깊이 있는 토론을 하게 된다. 이런 상황에서는 감독인 내가 끼어들 자리가 없다. 이런 수준까지 가면 대성공이다. 이렇게 서로의 생각을 존중하는 문화를 바탕으로 공통의 규칙이나 인식이 늘어난다면 이것이야말로 진정한 의미로 팀이 성장하는 모습이라고 할 수 있다.

부상 투혼을
미화하는 문화

다쳤다고 편하게 말할 수 있는 관계

선수가 부상과 통증을 참고 연습을 하다가 몸 상태가 더 악화되는 경우를 흔히 보게 된다. 고교야구뿐만 아니라 학교 운동부 전반에 걸쳐 벌어지는 일이다. 지도자와 선수 사이에 의사소통이 제대로 이루어지지 않는 것이 이런 현상이 일어나는 중요한 이유 중 하나다. 쉽게 말해 선수가 지도자에게 자신의 증상을 있는 그대로 전달하지 못하기 때문이다.

물론 선수보다 나이가 한참 많은 지도자와 학생 선수가 친한 친구처럼 무엇이든 말할 수 있는 관계가 되기는 사실상 어렵다. 나 역시도 솔직히 그 정도 수준의 완벽한 의사소통을 할 수 있다는 생각은 하지 않는다. 하지만 지도자라면 선수가 편하게 말하고 상의할 수 있는 관계와 환경을 만드는 일에 관심을 가져야 한다. 지도자는 일방적으로 지시를 전달하고, 선수는 따르기만 하는 상하 관계 속에서는 정상적인 의사소통이 일어나기 어렵다. 대화가 쌍방향으로 오갈 수 있는 환경, 지도자가 전달할 때도 있지만 선수도 이야기를 할 수 있는 수평적인 분위기를 만들기 위해 노력해야 한다. "요즘 어깨가 조금 안 좋은데요. 연습을 일찍 마치고 치료받으러 가도 되겠습니까?" 선수가 이렇게 상의하러 오면 "언제부터 그랬어? 알겠다. 갔다 와." 하고 말해주면 된다. 보고하고, 연락하고, 상의하는 의사소통이 당연하게 받아들여져야 한다.

나는 선수가 아프다고 상담을 하러 오면 다친 부위의 증상을 확인하고 병원을 비롯한 치료 시설을 소개한다. 완치해서 복귀할 때까지 모든 과정을 공유한다. 어떤 진단을 받고 어떤 치료를 했는지 빠짐없이 보고하도록 한다. 그런 경험을 통해 선수는 '솔직하게 말하길 잘했어.' '좋은 선생님을 소개받아서 빨리 회복했어.' 이렇게 느끼면서 지도자에 대한 신뢰가 깊어진다.

선수의 말에 귀를 기울이는 것이 이러한 수평적인 의사소통을 위한 토대다. "다쳤다고? 그럼 이제 못 뛰잖아." 절대로 이런 식으로 말하면 안 된다. 그런 말을 들으면 선수는 지도자에게 말을 해도 소용이 없다고 느끼게 된다. '괜히 말했네. 말하지 말 걸.' 선수가 이런 마음이 들지 않도록 조심해야 한다. 무심코 버린 담배꽁초 하나가 큰 산불로 이어지듯이 지도자가 던지는 사소한 말에 선수는 마음의 문을 닫게 된다.

병원을 비롯한 치료 시설과도 신뢰 관계를 쌓아 둘 필요가 있다. 나는 의사나 치료 시설 선생님들에게 우리 선수의 치료 경과나 복귀 예정일 등을 편하게 물어볼 수 있는 관계를 만들기 위해 노력한다. 선수는 언제까지 재활을 해야 하는지 모를 때 가장 힘들어한다. 의사나 치료 시설 선생님들과 수시로 의사소통을 하면 선수에게 언제쯤 복귀할 수 있는지 알려줄 수 있다. 부상 중에도 선수의 의욕을 높게 유지할 수 있다.

선수에게는 아프거나 몸이 어딘가 이상하다 싶으면 숨기지 말고 빨리 이야기해달라고 주문한다. 1주일 쉬면 좋아질 것을 참으면서 계속 연습을 하는 바람에 1개월, 3개월을 쉬어야 할 수도 있다. 그렇게 되면 선수뿐만 아니라 팀에도 큰 손실이므로 되도록 빨리 말해달라고 나는 계속 이야기한다.

과거의 틀에 얽매이지 않는 발상

2019년 여름, 이와테현 대회 결승전에서 오오후나토고등학교 에이스인 사사키 로키가 등판하지 않아 큰 화제가 되었다. 결국 오오후나토고등학교는 그 경기에서 패배해 고시엔 무대를 밟을 기회를 놓치고 말았다. 감독의 결정을 두고 결승전이니 던지게 했어야 한다는 의견과 선수의 앞날을 생각하면 등판시키지 않는 게 당연하다는 의견이 첨예하게 맞섰다. 많은 언론매체뿐만 아니라 SNS에서도 찬반양론이 격렬하게 부딪혔다.

이 주제에 대한 나의 생각을 말하기 전에 먼저 하나의 전제를 먼저 이야기하고 싶다. 이는 근본적으로 당사자의 문제이지, 제3자가 이러쿵저러쿵 말할 문제가 아니라는 점이다. 감독과 선수 사이에는 2년 반이라는 긴 시간에 걸쳐 쌓아온 신뢰 관계가 있다. 그런 신뢰를 바탕으로 여러 조건과 환경을 종합적으로 판단하여 경기에 나서지 않는다는 결론을 내린 것이다. 혹시라도 치명적인 부상을 입는다면? 다른 야구부원들의 마음은? 이에 반해 나를 포함한 그 밖의 사람들은 책임이 없는 위치에서 자신의 생각을 말할 뿐이다. 마운드에 올리지 않는다는 결론에 이르기까지 얼마나 고심이 많았을지 진실은 당사자 말고는 아무도 알 수 없다.

어떻게 보면 이렇게 논쟁이 일어났다는 사실 자체만으로도 대단한 사건이다. 몇 년 전이었다면 '왜 마운드에 안 올렸어? 감독 이상한 거 아니야?' 하고 끝났을 문제다. 나는 이번 사건을 우리 고교야구가 바뀔 때가 왔다는 의미로 받아들이고 있다.

만약 내가 오오후나토고등학교의 고쿠호 요헤이 감독님이었다면 잠도 제대로 못 잘 정도로 고민했을 것이다. '이기면 꿈에 그리던 고시엔에 진출한다. 우리 팀에는 확실한 에이스가 있다. 그런데 결승에서 던지면 무리한 연투를 하게 된다.' 어떤 결정을 하더라도 여러 비판이 나올 수밖에 없는 상황에서 나는 어떤 선택을 했을까?

나라면 먼저 투수의 생각을 물었을 것이다. 던지고 싶냐고 물으면 선수는 아마 던지고 싶다고 답할 것이다. 혹시라도 선수가 "저의 앞날을 생각해서 던지지 않겠습니다." 이

렇게 말한다면 '그게 무슨 말이야. 이건 아니잖아.' 하고 생
각했을 지도 모른다.

감독과 투수 간의 대화로 정할 것이 아니라 팀원들이 모
두 모여 이야기를 나누는 것도 하나의 방법이지 않을까 생
각한다. 고교야구는 무엇보다 팀의 승리가 우선이다. 선수
를 프로야구나 메이저리그로 보내기 위해서만 고교야구가
존재하는 것이 아니다. 주전 선수뿐만 아니라 벤치에 있는
선수, 관중석에서 응원하는 다른 야구부원들 모두를 생각
해서 결론을 내려야 한다. 그들 각자가 팀의 승리를 위해서
벤치와 관중석에서 묵묵히 궂은 일을 하고 있다. 그런 모두
를 향해 감독이 "에이스가 다치면 안 돼." "우리 에이스는
다치지 말고 프로로 가야 해." 이렇게 팀의 승리와 다른 방
향으로 가는 말을 하면 선수들은 의문을 품고 감독의 말을
불신하게 된다. 또한 감독과 투수, 두 사람이 결정해서 "내
일 결승전은 안 던질 거니까 그렇게 알고 있어." 하고 말해
버리면 선수들은 당혹감을 느끼게 된다. 어쩌면 누구와도
상의하지 않고 감독 혼자서 책임지는 자세로 결단하는 것
도 방법일지 모르겠다는 생각이 들기도 한다.

감독의 중압감과 책임을 줄여주는 방법 중 하나가 몇
년 전부터 논의되어 온 투구수 제한이다. 규정대로 투수
를 기용하면 되니까 지도자가 모든 책임을 질 필요가 없다.

2020년 봄부터 '일주일 동안 500구 이내'라는 규정이 생겼다. 최선의 해결책으로 보이지는 않지만, 지도자를 포함해 고교야구에 종사하는 사람 모두가 논의의 출발점에 섰다는 점에서 의미가 있다.

아무래도 야구는 투수의 부담이 지나치게 큰 스포츠다. 그 부담을 줄이기 위해서는 투구수 제한 말고도 다양한 논의를 해나가야 한다. 지명타자 제도 도입을 생각해 볼 수도 있고, 9이닝 경기를 7이닝으로 줄일 수도 있다. 만약에 7이닝 경기로 바꾸면 '그건 야구가 아니야!' 하는 비판이 나올 수 있다. 대회 일정도 검토할 필요가 있다. 단순하게 투구수 제한으로 다 해결됐다는 식으로 다룰 문제가 아니다. 이번 사사키 로키 논란을 계기로 삼아 고시엔 대회의 일정을 다시 돌아보아야 한다. 젊은이들과 고교야구의 앞날을 위해 지금까지의 틀에 얽매이지 않는 발상이 필요한 시점이다.

낡은 시대의
호랑이 감독에 대한 환상

일방적으로 억누르는 지도가 왜 사라지지 않을까

시대는 변했지만 고교야구의 체벌 문제는 아직 없어지지 않고 있다. 과거와 비교하면 줄어든 것은 맞지만 여전히

'○○ 감독이 선수들을 때린다'는 소문이 종종 들린다. 왜 우리는 체벌을 뿌리뽑지 못하고 있을까?

지도자가 자신이 배웠던 것을 그대로 답습하는 게 하나의 이유다. 야구뿐만 아니라 가정 환경도 영향을 미쳤을 수 있다. 어릴 때 지도자나 부모로부터 체벌을 받거나 일방적으로 억누르는 말과 행동에 휘둘리며 지내온 사람은 그런 커뮤니케이션 방식이 내면에 기본으로 장착된다. 그 경험이 뿌리가 되어 스스로도 알아차리지 못한 채 같은 말과 행동을 따라하는 악순환이 되풀이된다. 이런 지도자는 시대가 달라졌음을 좀처럼 인식하지 못한다. 더 나은 코칭을 위한 노력도 게을리하기 십상이다. '나는 맞으면서 운동을 해서 실력도 늘었고 강해졌어.' 이런 믿음으로 자신의 과거를 긍정하며 선수들에게 육체적, 정신적으로 상처를 준다.

지도자들 중에는 감정 조절을 잘 하지 못하거나 선수를 지배하고 싶어 하는 유형의 사람들이 있다. 그런 지도자들이 선수들을 때리곤 한다. 일본 전국 시대의 장수들처럼 선수는 자신의 '밑에 있는 존재'라고 여기며 얼굴도 똑바로 쳐다보지 못하게 한다. 그런 방식으로 자신의 지배 욕구를 채운다. 과거의 경험에 그 경험을 긍정하는 조건이 더해지고, 좋은 성적을 내지 못하면 잘릴지도 모른다는 초조함까지 결합해 이성적으로 대처하지 못하고 체벌을 자주 사용한다. 결국 체벌은 여러 지도 방법에 대해 알려고 하지 않고, 체벌 이외의 방법으로 문제를 해결하려는 의지도 없으며, 공부도 노력도 하지 않는 지도자가 저지르는 행동이다.

나는 선수를 때리는 일은 없지만 일부러 엄하게 말할 때는 있다. 부드러운 말투로만 지도하기는 어려운 상황들이 있다. 조금만 엄하게 말해도 '언어폭력'이나 '괴롭힘'을 당했다는 말을 듣기 쉬운 시절이다. 하지만 선수에게 무조건 맞춰주기만 해서는 제대로 지도할 수 없는 부분도 솔직히 있다. '모두가 보는 앞에서 꾸짖으면 안 된다.' '큰소리로 꾸짖으면 안 된다.' 요즘 많이 하는 말들이다. 하지만 이래서는 선수의 진정한 성장을 위해 등을 밀어주는 역할을 하기가 어렵다. 약간의 강제성이 있고 선수도 다소 싫다고 느껴도, 그것을 통해 선수에게 좋은 습관이 생기고 팀의 방향이 한 곳으로 모아지는 일도 있다.

하지만 앞서 말했듯이 요즘은 체벌뿐 아니라 정신적인 부분에서도 불합리함이나 압박감을 느끼게 하면 안 되는 시대가 되었다. 그래서 나도 단어 선택이나 말투에 대해 어디까지가 괜찮고 어디부터는 해서는 안 되는지 경계선을 찾고 있다. 그 상황만 놓고 보면 언어폭력이나 괴롭힘이라고 들을 가능성이 충분히 있어서 늘 고민이다. 과거에는 너무 호되게 혼을 낸 나머지 다시 일어서기까지 오랜 시간이 걸린 선수들이 있었다. 나 역시 내가 지금까지 해 온 모든 일들이 옳았다는 생각은 조금도 하지 않는다. 지도자란 조금이라도 나아지기 위해 날마다 무언가를 모색하는 직업이라고 생각한다. 진리에 한걸음이라도 다가갈 수 있도록 계속 노력할 뿐이다.

세심한 관찰 : 좋은 대화를 위한 전제 조건

나는 선수에게 말을 건네기 위해, 그리고 좋은 의사소통을 위해 평소에 선수들을 주의 깊게 관찰하려고 노력한다. 선수를 '보고' '관찰하는' 행위야말로 대화 이상으로 중요하다고 느낄 때가 많다. 평소에 선수가 무엇을 하는지 잘 보지도 않다가 "열심히 하고 있구나." 하고 말을 건네면 선수는 그 말이 와닿지 않을 가능성이 높다. 그 선수는 요즘 무언가가 잘 안 되고 있어 고민을 하고 있을지도 모른다. 그런 와중에 감독으로부터 그런 말을 들으면 선수는 '감독님은 내가 지금 어떤 상태인지 잘 모르시는구나.'라고 생각하게 된다. 선수에게 힘을 불어넣어 주려고 했던 감독의 말이 오히려 서로 간의 신뢰를 떨어뜨리는 방향으로 작용하는 것이다.

이와는 반대로 평소에 선수의 연습이나 행동을 유심히 관찰한 다음 "요즘 타이밍 잡는 법을 바꿨네?" "스파이크를 새로 샀구나!" 하고 말을 건네면 선수는 감독의 말에 긍정적인 반응을 보이게 된다. '감독님은 내가 무엇을 하고 있는지 지켜보고 계시는구나.' '그런 것까지 보시다니 예리하신데!'라고 생각하며 감독에 대한 믿음이 더욱 커지게 된다.

선수와 좋은 대화를 나누기 위해서는 먼저 선수 한 명한 명을 관찰하는 일이 우선시되어야 한다. 유심히 지켜보면 선수의 여러 변화를 알아차릴 수 있고 대화의 실마리를 발견할 수 있다. 그렇게 관찰한 내용을 바탕으로 대화를 나누면 선수의 마음도 긍정적으로 바뀌어 보다 의욕적으로 연습에 임하게 된다.

선수를 주의 깊게 관찰하는 일이 왜 중요할까? 요즘은 저출산 시대다. 예전처럼 형제자매가 대여섯 명인 가정은 극히 드물다. 외동이나 둘이 대부분이고 많아도 셋 정도다. 부모가 하나나 둘뿐인 자녀를 보다 신경 써서 보는 시간이 늘어났다. 그런 영향으로 요즘 선수들은 지도자가 자신을 지켜보고 있는지에 대해서 이전 세대보다 민감하다. 그렇기 때문에 지도자가 자신을 잘 지켜보고 있다는 사실을 알려주는 신호로서 대화가 보다 중요해졌다.

우리 팀의 선수는 100명이 넘는다. 그 많은 인원을 골고루, 공평하게 관찰하고 있냐고 누군가 물어본다면 나는 아니라고 답할 수밖에 없다. 솔직히 물리적으로 어려운 일이다. 그래서 나의 눈이 닿지 못하는 곳을 채우기 위해 나는 학생 코치들을 두고 있다. 우리 팀의 학생 코치들은 모두 게이오기주쿠고등학교 야구부 출신이기 때문에 야구부의 사정을 꿰뚫고 있다. 학생 코치를 포함해 모두 15명의 스태프가 감독과 함께 야구부원 100여 명을 관찰할 수 있는 시스템을 갖추고 있다.

선수를 주의 깊게 관찰하고 대화를 할 때 나타나는 구체적인 변화가 또 하나 있다. 그건 바로 선수가 고민거리나 아이디어가 있을 때 스태프에게 먼저 말을 걸기 시작한다는 점이다. 예를 들어 선수들은 '이런저런 연습을 하고 싶다'는 제안을 자주 하게 된다. 야구는 각각의 상황마다 개인의 판단이 요구되는 스포츠다. 연습의 내용을 정할 때 선수가 활발하게 의견을 개진한다면 아주 바람직한 분위기로 팀이 가고 있다고 할 수 있다.

근본적으로는 앞에서 언급한 다쳤을 때의 커뮤니케이션과 같은 맥락이다. 선수가 먼저 말을 하거나 지도자와 대화를 나누기 편안한 환경에서는 팀 전체가 좋은 방향으로 흘러간다. 그런 모습을 지켜본 다른 선수가 있다면 '나도 코치님께 말해봐야겠다'는 마음이 들 수밖에 없다. 무엇이든 주저하지 않고 말할 수 있는 열린 상태를 만들어 놓으면 어떤 일이 생겼을 때 제대로 대처할 수 있다.

보고하기, 연락하기, 질문하기, 의견내기! 선수가 이 네 가지 모두를 지도자에게 기꺼이 하고 싶다는 마음이 들도록 하려면 밑바탕을 만드는 작업을 매일 꾸준히 해야 한다. 바로 선수를 주의 깊게 관찰한 다음에 대화를 나누는 일이다. 앞으로 이 부분은 더욱 중요해질 거라 생각한다.

고등학생을 아이라고 생각하기 때문에 자신의 가치관을 강요하는 일이 생긴다. 자주 듣게 되는 '야구소년'이라는 말에서도 잘 드러나듯이 고등학생을 아이, 지도자는 어른이라고 구분짓는다. 이런 생각이 바탕이 되면 자연스럽게 상하관계가 생기며 진정으로 좋은 의사소통을 할 수 없게 된다. 한 인간으로서 의견을 나눌 때의 대전제는 서로 간에 수평적인 관계다. 상대를 아래로 보게 되면 자신의 가치관을 강요하게 된다.

선수의 생각을 듣기보다 지도자가 볼 때 좋다고 생각하는 방법을 그냥 하게 만드는 것이 선수를 더 빠르게 성장시킨다고 믿는 지도자들도 많다. 물론 고교야구의 2년 반은 스스로 생각할 기회를 주기에는 짧다고 느껴지는 시간이다. 성과를 빨리 내는 것만 생각하면 내가 받았던 지도를 바탕으로 내가 시키고 싶은 것들만 모두 하게 하는 쉬운 방법을 선택하기가 쉽다. 하지만 원래 선수와 함께 만들어 나가야 하는 것이 팀이다. 선수의 의견에도 귀를 기울여야 하고 때로는 논쟁도 필요하다. 가끔은 선수들이 스스로 중요한 사항을 결정하게 하는 '정신적인 여유'도 있어야 한다. 선수를 믿고 기다리는 자세야말로 지도자에게 중요한 덕목이다.

선수에게 맡길 때 일어나는 변화

나의 지금 감독 생활에 원형으로 자리잡고 있는 경험을 소개한다. 고등학교 2학년 여름 대회가 끝나고 우에다 마코토 선생님께서 감독으로 취임하셨다. 새롭게 연습을 시작하며 우에다 감독님은 다음과 같이 말씀하셨다.

"2루로 견제할 때 사인은 너희들끼리 생각해 봐."

사인은 지도자가 내고 선수는 그 사인을 따르기만 하면 된다는 생각밖에 없었던 나는 그 말을 듣고 무척 놀랐다. '우리끼리 사인을 만들어도 되는구나.' 그야말로 패러다임 전환이라고 할 만한 순간이었다.

그날 연습을 마치고 해가 질 무렵에 투수, 포수, 내야수가 모여서 머리를 맞댄 끝에 새로운 사인을 만들었다. 한참 이야기를 나누다가 문득 밖을 보니 어두컴컴해져 있었다. 밤이 된 것도 모를 정도로 사인 만들기 작업에 몰입을 했던 기억이 난다. 며칠 후 연습 경기에서 우리는 직접 만든 사인을 절묘하게 이용해 아웃을 잡았다.

　단순한 이 경험이 정말 많은 것을 나에게 가르쳐주었다. 우선 스스로 사인을 생각해 만들어 내는 즐거움과 보람을 느낄 수 있었다, 우리가 직접 만든 만큼 잘 실천해야 한다는 책임감도 커졌다. 과장된 표현이 아니라 고등학교에서 야구를 하면서 가장 기억에 남는 사건이었고 이후의 나의 삶에 커다란 전환점이 되었다.

　　"너희들끼리 만드는 게 재밌잖아."

　몇 년이 지나 우에다 선생님께 선수들끼리 사인을 만들어 보라고 하신 뜻을 여쭤봤을 때 하신 말씀이다. 우리 야구부의 테마인 '엔조이 베이스볼(Enjoy Baseball)'과 맞닿아 있는 부분이다. 실제로 그 후에 나는 야구가 정말 즐거워져서 더욱 깊이 파고들고 싶은 마음이 커졌다. 우에다 선생님 밑에서는 고작 1년밖에 야구를 하지 않았지만 선생님은 정말 나의 삶에 은인이다.

　자신을 "감독님"이라고 부르지 말라고 하신 것도 또렷이 기억난다. '감독님'이라고 부르는 순간 상하관계가 정해지고 수평적인 관계를 만들 수 없다고 우에다 감독님은 생각하셨다. 그래서 우리는 나이가 한참 많은 감독님을 "우에다씨"라고 불렀다. 돌이켜보면 그렇게 부름으로써 단번에 거리가 줄어드는 느낌이 있었다. 함께 승리를 추구하는 동료 내지는 조금 나이 많은 선배와 같은 기분으로 대할 수 있었다. 나도 선수나 학생 코치들에게 "감독님"이 아닌 "모리바야시씨"로 부르게 한다. 40대 후반의 어른과 고등학생이 완전한 수평적인 관계가 될 수는 없지만 이렇게 호칭이라도 바꿔서 지도자가 선수 쪽으로 다가가면 선수가 하고 싶은 말이 있을 때 편하게 말할 수 있는 관계를 보다 쉽게 만들 수 있다.

어른들이 원하는 청춘의 모습을 강요하는 고교야구

의문 없이 받아들이고 있는 뿌리 깊은 믿음들

고교야구 선수를 자신이 좋아하는 스토리에 맞추려고 하는 사람들이 있다. 자신이 원하는 청춘이기를 강요하는 이들이다. 나는 이 부분도 고교야구가 안고 있는 커다란 문제 중 하나라고 생각한다. 고등학생이 그저 야구를 하고 있을 뿐인데 한여름의 축제로 보는 사람이 많아졌다. 이제는 어마어마한 엔터테인먼트가 되어 버렸다. 새로운 영웅의

출현과 감동이 넘치는 경기를 바라는 팬이 있고, 그런 팬을 부추기는 미디어가 있다. 지나치게 부풀려진 드라마에 팬들은 열광한다. 지금의 고교야구는 이런 토양 위에서 벌어지고 있다. 봄과 여름의 고시엔 대회 모든 경기가 공영 방송에서 생중계된다. 고교야구의 엄청난 인기를 뒷받침하는 현상이다. 어떤 사람들은 경기가 재미있으니까 그렇게 관심을 가지는 것이 당연하다고 이야기한다. 지금 이대로 아무 문제가 없다고 말한다.

하지만 내가 볼 때 고교야구는 지나치게 과대평가되고 있다. 고교야구만이 특별하게 재미있는 경기라고 생각하지도 않는다. 다른 경기, 이를테면 고교 럭비 전국대회를 고교야구처럼 전국적으로 방송하고 미디어가 똑같이 보도한다면 그 재미도 고교야구 못지 않을 것이다. 그렇게 큰 무대에서 사람들의 주목을 받으며 야구를 하고 있는 내가 이렇게 고교야구를 비판하는 게 이상하게 들릴지도 모르겠다. 다만 나는 지금의 고교야구에는 바람직하지 않은 부분이 많다고 느낀다. 지도자로서 지금의 상황을 바꾸고 싶은 마음이 크다.

고교야구에는 어른들이 심어놓은 뿌리 깊은 고정관념이 있다. 고교야구 관계자, 미디어, 팬들 모두가 식견이 있고 건강한 판단을 내릴 줄 아는 어른일 텐데 하나같이 전력 질주, 땀, 눈물, 이러한 것들만 바란다. 선수가 자유롭게 자신의 의지대로 행동하지 못하는 모습을 보고도 이상하다고 말하지 않는다.

'굳이 빡빡머리가 아니라도 문제될 건 없잖아?'
'감독이 절대적인 존재여야 할 필요가 있을까?'
'사인 없이 경기를 해도 되지 않을까?'
'선수가 중심이 되어서 팀을 이끌어 나가도 되지 않을까?'

나는 늘 머릿속에 이런 질문을 품고 있다. 감독과 선수가 서로 대등하게 의견을 내면서 연습이나 경기를 진행하는 이런 방식이 지금껏 우리가 봐왔던 고교야구와는 다를지도 모른다. 하지만 새로운 고교야구의 모델을 제시하여 낡은 가치관이 지배하는 고교야구판을 흔드는 게 나의 목표이자 사명이다.

'고시엔'이라는 속박

고교야구의 오래된 틀에 갇혀있는 건 어른들뿐만이 아니다. 사실은 어린 선수들도 그러한 틀에 사로잡혀 있는 경우가 적지 않다. 어릴 때부터 고시엔을 보면서 고시엔에서 뛰고 싶은 마음을 갖는 것까지는 이해한다. 하지만 '고시엔에서 뛰려면 OO 고등학교에 가야 해.' 'OO 고등학교에 가려면 어느 중학교 팀으로 가는 게 좋을까?' 이렇게 고시엔에 단단히 사로잡힌 어른들처럼 생각한다. 표현이 좋지 않을 수도 있지만 모두가 '고시엔'에 중독되어 있는 상태다. 선수 스스로도 고시엔이라는 틀 안에 단단히 갇혀 있기 때문에 머리를 밀라고 해도 아무런 의문도 품지 않는다.

내가 가르치는 초등학생들도 참신한 발상을 하기보다 똑같은 것들을 하며 만족하는 경향이 있다. 자기가 새로운 놀이를 만들기보다 친구가 가지고 있는 게임기로 함께 놀고 싶어하는 아이들이 많다. 이런 경향이 일본인의 특성일지도 모르지만, 고교야구가 그런 경향을 부추기는 부분이 있다고 생각한다.

고교야구는 국가적으로 영향력이 큰 스포츠다. 온 국민들이 공통의 화제로 삼는 고등학교 운동부 활동은 야구 말고 없다고 해도 과언이 아니다. 많은 사람들이 주목하는 만큼 좋은 방향으로 이끈다면 사회 전체를 변화시키는 기회로 삼을 수 있다.

우리 게이오기주쿠고등학교 야구부에는 획일적인 사고로부터 벗어난 선수가 적지 않다. 무조건 프로야구 선수가 되겠다는 목표보다 야구와 공부를 모두 충실히 해서 여러 분야에서 활약하고 싶어하는 선수가 은근히 많다. 실제로 고시엔 대회에 진출했을 때 작성한 설문지를 보면 장래 희망으로 사장이 되고 싶다거나 변호사가 되고 싶다고 적은 선수가 제법 있었다. 열심히 야구를 하지만 야구 너머의 세계를 바라보는 선수들이다. 이러한 선수들이 있기 때문에 나의 생각이 비교적 공감을 얻기 쉬운 환경이라고 할 수 있다.

근본적인 개혁을 위해서는 역시 지도자가 먼저 바뀌어야 한다. 항상 새로운 지도 방법을 모색하고 '정말 이대로 괜찮을까?' 하는 질문을 늘 품고 있지 않으면 고교야구는 바뀌지 않을 것이다. 야구를 선택하는 아이들의 수가 지금까지와는 비교도 안 될 정도로 줄어들고 있는 것이 현실이다. 그냥 현상 유지만 해야겠다는 생각으로는 부족하다.

나 자신을 반성하는 의미로 덧붙이자면, 지도자는 스스로 새로운 것에 도전하는 모습을 선수에게 보여주어야 한다. "실패해도 좋으니까 적극적으로 도전해!"라고 선수에게 말하면서 정작 자신은 고정관념에 빠져서 지금까지 해왔던 일만 한다면 지도자로서 자격이 없다. 항상 새로운 일에 도전하며 조금씩 바꾸어 나가는 모습을 선수들에게 보여주어야 한다. 아무리 명감독이라 칭송을 받고 좋은 성적을 냈더라도 부족한 점이 전혀 없는 완벽한 지도자는 없다고 단언할 수 있다. 지도자 역시 선수와 마찬가지로 매일 더 나아지고 싶다는 마음을 가져야 하며, 만약 그러한 향상심을 잃어버렸다면 새로운 세대에게 자리를 물려주어야 한다.

어린 선수들은
야구를 즐기고 있는가

야구의 즐거움과 점점 멀어지고 있는 유소년 야구

유소년 야구에서는 고교야구보다 더 한 불합리한 일들이 벌어지고 있다. 에이스 투수의 혹사는 놀라운 수준이다. 주말이 되면 이틀 연속 던지는 경우도 많고, 더블헤더의 첫 번째 경기에서는 투수로 나갔다가 두 번째 경기에서는 포수로 뛰는 경우도 흔하다. 포수는 매 피칭마다 투수에게 공을 던져야 하기 때문에 팔에 상당한 부담을 준다. 이런 이유들로 인해 팔꿈치나 어깨를 다치는 어린이가 아주 많다. 다친 몸이 완치가 되기도 전에 공을 던지게 하는 일이 되풀이되기도 한다. 그 결과 부상이 악화되어서 겨우 중학생임에도 야구를 그만두거나 투수를 못 하게 되는 선수가 많다. 고등학생이 되고 나서 약해진 인대가 더 이상 버티지 못하고 끊어지는 경우도 있다. 증상은 고등학교 때 나타나지만 초등학교나 중학교 때부터 누적된 혹사가 근본적인 원인인 경우가 많다.

고교야구 선수들 중에는 허리디스크 증상이 있는 선수도 은근히 많은데, 이 또한 초등학교와 중학교 때 연습을 지나치게 많이 했기 때문인 경우가 많다. 뼈가 완전히 자라지 않은 상태에서 한쪽 회전만 지나치게 반복하면 몸에 큰 부담을 주게 된다. 경기를 이겨 좋은 평가를 받고 싶은 어른들의 이기적인 욕구를 채우기 위해 어린 선수들의 몸을 혹사시키는 셈이다.

대회가 너무 많은 것도 문제다. 유소년 야구를 보면 지역 대회도 있고 사설 대회도 자주 열려서 주말에는 두 대회 이상 나가는 팀이 적지 않다. 팀에 따라서는 1년에 200경기를 넘게 한다고 한다. 그렇게 많은 대회를 나가는 것을 자랑스럽게 말하는 감독도 있는데, 심각한 문제가 아닐 수 없다. 몇 명 되지도 않는 투수로 그 많은 경기를 치른다고 생각하면 참으로 아찔하다.

결국 지도자가 올바른 의학적 지식을 갖추는 것 말고는 방법이 없다. 어린이의 몸은 어른의 몸과 완전히 달라서 어릴 때의 혹사로 팔꿈치가 변형되면 머지않아 야구를 못 하게 될 수도 있다. 앞서 소개했던 우에다 감독님은 이런 부분을 후배 지도자들에게 널리 알리기 위해 꾸준히 계몽 활동을 하고 있다. 나도 간접적으로 우에다 감독님의 활동을 돕고 있는데, 안타깝게도 정말 이야기를 들어야 할 지도자들에게는 아직 지식이 닿지 않고 있다. 강습회나 세미나를 열면 진보적이고 공부하려는 뜻을 가진 지도자들만 참석하고 정작 바뀌어야 할 사람들은 오지 않는다.

아이가 마음껏 자신이 하고 싶은 야구를 하게 해서 중학교나 고등학교에 가서 더욱 열심히 하고 싶은 마음이 들게끔 하는 것. 그런 어린이를 한 명이라도 더 많이 만드는 게 유소년 야구의 역할이라고 생각한다. 체력을 기르고 기술을 익히는 과정은 중고등학교에서 시작해도 전혀 늦지 않다. 초등학생 때는 야구가 즐겁다면 그걸로 충분하다.

그리고 나는 토너먼트 대회는 없어도 좋지 않을까 생각한다. 야구는 리그 방식이 어울리는 경기다. 토너먼트 대회의 '지면 끝'이라는 맥락을 미화하며 미디어나 팬들이 극적인 드라마를 왜곡하여 즐기는 현상이 일어난다. 지면 끝나는 경기를 하면 당연히 이기기 위한 선수 기용과 에이스를 혹사시키는 운영을 반복하게 된다.

부모의 부담을 당연시하는 비상식적인 행태

부모의 뒷바라지 부담이 큰 현실도 어린이가 야구와 멀어지는 데 한몫하고 있다. 유소년 야구팀은 집 근처에 있는 학원처럼 아이를 보내기만 하면 되는 곳이 별로 없다. 부모에게 여러 일을 맡기는 팀이 아주 많다. 연습이나 경기가 있으면 부모 중 한 명은 반드시 따라가서 일을 한다. 여전히 많은 팀이 당번 제도를 운영하며 부모의 시간을 뺏고 있다. 심지어 어떤 팀은 주차장에서 주차를 담당하거나 그라운드 주변의 잡초를 뽑는 작업까지 부모에게 시킨다고 한다. 이러한 모습 때문에 야구를 시키기 꺼려하는 부모들이 몇 년 사이 크게 늘어나고 있다.

이런 관행은 야구에서만 여전히 남아 있다. 야구계가 변화를 위한 노력을 하지 않기 때문이다. 단지 그 이유밖에 없다. 야구만 부모가 연습이나 경기에 참여해야 할 이유가 있을 리가 없다. 야구에서는 아무렇지도 않게 벌어지고 있는 일이지만 다른 종목에서는 이제 이해할 수 없는 비상식적인 모습이 되어 가고 있다. 최근에는 친구로부터 야구를 시키기 망설여진다고 하는 말을 들었다. 부모의 과도한 부담, 삭발과 같은 일방적이고 구태의연한 지도 방식, 부상의 위험 등 지금까지 이야기한 이유들 때문이다. 이렇게 걸리는 것들이 많으면 야구를 시키고 싶지 않은 게 당연하다. 더 매력적인 다른 스포츠에 눈이 갈 수밖에 없다.

야구만의 비상식으로부터 벗어나려면 야구를 밖에서 보는 객관적인 관점을 가져야 한다. 나는 다른 종목의 지도자들과 자주 만나려고 노력한다. 야구계의 상식에만 물들지 않기 위해서다.

"야구는 왜 그렇게 연습 시간이 길죠?"

"우리에게는 그렇게 하는 게 상식이니까요."

그렇게 해왔기 때문에 지금도 계속 하고 있다는 말은 아무 생각이 없다는 말과 같다. 야구는 왜 연습 시간을 줄일 수 없는 것인가? 어떻게 하면 효율적으로 연습을 할 수 있을지 고민하지 않는다면 야구는 앞으로 나아갈 수 없다.

"휘두르지 않고 그냥 서 있으면 볼인데 왜 휘둘러!"

"스트라이크로 들어오는 공을 보기만 하면 어떻게!! 아이고!!"

원래 야구는 실수를 하는 게 당연한 스포츠다. 그런데 부모가 자식의 경기를 보러 가서 헛스윙 삼진을 당해도 혼이 나고, 루킹 삼진을 당해도 호되게 야단을 맞는 모습을 눈앞에서 보면 마음이 어떨까? 야구를 멀리 하게 될 수밖에 없다.

물론 야구는 고시엔 다음으로 대학야구나 프로로 가는 길이 있어서 다른 종목에는 없는 매력이 있을지 모른다. 문제는 앞서 언급한 시대에 뒤떨어진 부분에 저항하는 부모가 많아지고 있다는 점이다. '반나절이면 연습이 끝나니까 농구가 좋지 않을까?' '몸이 작아도 할 수 있으니까 축구를 시켜볼까?' 부모의 입장에서는 이런 마음이 드는 게 자연스럽다. 지도자 자격증 제도도 축구 쪽이 훨씬 자리를 잘 잡고 있다. 솔직히 야구 지도자와의 심한 수준 차이도 부정할 수 없다.

자녀의 자립을 가로막는 부모의 모습

부모들의 문제 또한 언급하지 않을 수 없다. 일단 자녀의 실력을 착각하는 부모가 많다. '우리 아이 실력이라면 OO고등학교에 충분히 갈 수 있다'고 믿다가 진학할 무렵이 되면 지도자와 다투는 부모들의 이야기를 자주 듣는다. "왜 우리 아이를 경기에 내보내지 않는 거야!" 하면서 지도자에게 대놓고 불만을 쏟아내는 몬스터 부모[1]도 적지 않다.

부모와 자식 사이의 거리가 가까워진 시대적 흐름과도 연결된다. 내가 고등학생일 때는 부모가 연습을 보러 오면 약간 부끄러운 마음이 있었다. 하지만 요즘 학생들은 적어도 싫어하지는 않는다. 예전처럼 형제자매가 많은 가정은 드물고 대부분이 외동딸이나 외동아들이다. 자녀에 대

---

1   자신의 아이만을 위해 무리한 요구를 하거나 상식에서 벗어난 행동을 하는 부모를 의미한다. 몬스터(괴물)와 페어런트(부모)의 합성어로 초등학교 교사 출신 교육가인 무코야마 요이치가 처음 사용한 단어로 알려져 있다.

한 관심이 늘어날 수밖에 없는 환경이다. 심지어는 자식이 야구를 하는 모습을 하루 종일 지켜보는 부모도 있다. 어떤 부모들은 하나부터 열까지 자녀를 자신의 뜻대로 끌고 다닌다. 물론 저마다의 삶의 방식이기 때문에 부정할 수는 없고 시대의 흐름을 거스를 수 없는 부분도 있지만 이건 아니라는 느낌을 떨쳐버리기 어렵다.

자녀의 미래에 대한 지나친 기대도 큰 위험을 초래할 수 있다. 어릴 때부터 야구 하나만 바라보는 삶을 선택하면 자연스럽게 공부를 소홀히 하게 된다. 미래에 선택의 폭을 좁히고 인생의 다양한 가능성을 낮추는 위험을 부모라면 제대로 인식해야 한다. 나중에 학교를 졸업하고 나서 야구를 못 하게 되었을 때, 공부를 하거나 생각하는 습관이 없는 삶은 위험하다. 하지만 우리 야구계는 어린 아이들의 가능성을 제한하고 선택의 폭을 좁히는 행동을 부모와 지도자들이 함께 하고 있다.

부모와 자식이 한마음으로 야구로 승부를 걸겠다고 하는 것도 선택지 중 하나이기 때문에 그런 선택을 완전히 부정하고 싶지는 않다. 그렇지만 어느 시점에서는 자식을 묶고 있던 줄을 풀고 혼자 길을 가도록 보내줘야만 한다. 혼자 힘으로는 아무 것도 결정하지 못하면서 나이만 어른이 되면 사회에 나가 제대로 적응하기 어렵게 된다. 회사나 조직에서 어떤 문제에 맞닥뜨렸을 때 자기 나름의 해결책을 찾지 못한다. 자신이 저지른 행동에 대해 부하 직원이나 동료에게 책임을 덮어 씌우는 어른이 될 지도 모른다. 조금이라도 듣기 거북한 말을 들으면 언어 폭력이나 직장 내 괴롭힘이라고 호소하는 사람이 될 수도 있다. 그렇기 때문에 운동부 활동을 하면서 적당한 수준의 엄한 말도 듣고, 하고 싶지 않은 경험도 하면서, 때로는 좌절하는 경험이 꼭 필요하다. 그라운드에는 불합리한 상황과 좌절에 대처하는 법 등 교실에서는 배울 수 없는 것들이 많이 있다. 그런 배움의 기회를 제공하는 것도 운동부 지도자의 책무라고 할 수 있다.

미래를 가로막는 속박이 되고 있는 전통

그대로 따라하면서 안심하는 문화

사람들의 머릿속에는 고교야구의 '그릇된 이상적인 모습'이 자리잡고 있다. 선수들은 기숙사에서 생활해야 하고, 머리를 민 다음, 오로지 야구 생각만을 하도록 하면서 연습을 시킨다. 빡빡머리 선수들의 드라마틱한 경기가 지상파 방송을 타고 전국에 중계된다. 머리를 똑같이 민 선수들이 전력 질주를 하고 땀과 눈물의 스토리를 만들어 나간다는 이미지야말로 바람직한 고교야구의 모습이라고 사람들의 머릿속에 각인된다.

어른들이 이런 모습만을 원하고 있다는 점이 문제다. 지금의 주류 고교야구의 모습을 일본의 문화라고 생각하며 지켜나가야 한다고 믿는 사람들이 많다. 미디어도 그런 흐름에 편승해 조금이라도 새로운 것에 도전하려고 하면 이단이라고 비난한다.

우리 팀은 삭발을 강요하지 않기 때문에 머리가 긴 선수들이 많다. 그래서 경기장에 가면 옛날 방식을 중요하게 여기는 사람들로부터 "머리부터 밀어!" 하는 야유를 듣기도 한다. 개성을 적극적으로 발휘하며 존중하는 시대가 되었지만 고교야구에는 되도록 눈에 띄지 않도록 조심하는 분위기, 옆 사람이 하는 일을 그대로 따라하면서 안심하는 풍조가 여전하다. 인사하는 방식이나 경기장에 입장하는 모습이 전형적인 예다. 집단 안에서 무엇을 해도 똑같이 하는 것을 중요하게 여긴다. 그러다보니 자신도 모르게 집단에 소속되어 있으면 마음이 편안해진다. 고교야구의 안 좋은 문화이며 일본인의 멘탈리티 형성에 악영향을 끼쳤다고 생각한다.

선수가 주인공인 고교야구로 돌아가려면

고교야구 본연의 모습을 고민하려면 먼저 '고교야구는 누구의 것인가?' 하는 질문에 답을 할 필요가 있다. 답은 당연히 '선수의 것'이다. 고교야구가 선수의 것이 되려면 지도자가 선수 하나하나를 소중히 여기는 자세가 필요하다. 또한 선수 하나하나를 소중히 여기는 일의 핵심은 선수 스스로 생각하게 하는 것이라고 나는 해석한다. 팀 전체를 관리하기 쉽다는 이유로 모두에게 같은 연습을 시키지 않는 코칭이다. 하나의 잣대를 적용해 맞는지 틀리는지를 판단하는 것이 아니라 선수마다의 생각과 신체 조건, 개성 등을 존중하는 코칭이다. 선수마다 차이가 있음을 인정하고 스스로 생각하는 습관을 몸과 마음에 익히도록 하는 코칭이다.

'어떻게 하면 좋을까?'

코치가 시키는 대로만 하는 선수가 아니라 각각의 상황마다 스스로 생각할 줄 아는 선수를 만드는 것. 이것이 선수 하나하나를 소중히 여긴다는 말의 진정한 의미라고 생각한다.

연습 경기를 하다 보면 상대 팀 중에 정말 야구를 즐기고 있냐고 물어보고 싶은 선수가 있다. 내 눈에는 마지 못해 야구를 하고 있는 것처럼 보이기 때문이다. 그 선수도 처음에는 야구가 정말 좋아서 시작했을 것이다. 그런 소극적인 모습을 보이는 선수가 속한 팀에는 대체로 따라야 할 규칙들이 많다. 지도자에게 혼나지 않으려고 하는 행동이 많아지게 된다. 이런 팀의 감독은 지배 유형의 지도자다. '내가 하는 말만 들으면 고시엔에 갈 수 있어. 그러니까 잔말 말고 들어!' 이런 이미지라고 할 수 있다. 그렇게 해서 몇 년에 한 번 꼴로 고시엔에 나가게 되면 선수는 '고시엔에 가려면 이 정도는 참아야지' 하는 마음이 들게 된다. 그런데 과연 그런 마음으로 야구를 하면 야구를 제대로 즐길 수 있을까?

우리 팀의 니시오카 료타 선수는 주전 자리를 차지하지 못한 포수였다. 3학년이 되어도 세 번째 교체 선수 정도여서 공식 경기에 나갈 가능성은 거의 없었다. 그렇지만 니시오카는 낙담하지 않고 불펜 포수로 자신의 할 일을 묵묵히 다해주었다. 경기를 하다 보면 내가 무슨 말인가 전하려는 타이밍에 오히려 먼저 다가와 말을 건네곤 했다. "오늘 불펜은 누구를 생각하세요?" "슬슬 다음 투수 준비할까요?" 상황에 따라서는 다음 투수까지 제안해 줄 정도였는데 그 감각이 아주 탁월했다. 나는 니시오카의 모습을 보고 불펜 포수로서 자부심을 가지고 자신이 할 수 있는 모든 일을 하려고 노력한다고 느꼈다. 니시오카의 그러한 모습을 팀 전체가 좋아했다. 2,3학년이 되면 팀 안에서의 자신의 실력과 주전 선수가 될지 여부를 선수 스스로 어느 정도는 알게 된다. 니시오카는 아마 직접 경기에 뛰기 보다 불펜 포수 역할로 벤치에 들어갈 생각을 했던 것 같다. 자신이 할 수 있는 일과 잘하는 일을 깊이 생각한 끝에 팀 내에 자기가 있을 자리를 만들었다. 우리 팀처럼 인원이 많은 팀에서 니시오카와 같은 선수는 팀을 크게 빛나게 하는 존재다. 그는 지금도 학생 코치로 팀에 큰 도움을 주고 있다.

내가 내세울 수 있는 장점은 무엇일까? 어떻게 나의 존재감을 어필할까? 자기 자신을 잘 아는 것은 사회에 나가서도 중요한 일이다. 주위의 말을 듣고 따르기 보다 우선은 스스로 알아차리면 좋겠다는 마음이 있다. 그래서 나는 "주전 선수가 될 수 없으니 불펜 포수를 해줬으면 좋겠다." 이런 식으로는 절대 말하지 않는다.

여름의 마지막 대회는 니시오카처럼 주전이 되지 못한 3학년들이 어떻게 하는가에 따라서 큰 영향을 받는다. 100여 명의 선수들 중에 여름 대회의 벤치에 들어갈 수 있는 선수는 20명이다. 3학년이라도 많아 봤자 10명 남짓 밖에 들어갈 수 없다. 등번호를 받지 못하는 3학년은 대회가 시작할 때까지 약 1개월 동안 스태프 일을 하는 시스템이다.

스태프로 역할이 바뀐 3학년들이 어떤 얼굴로 그라운드에 나와주는지가 팀에게는 매우 중요하다.

누구라도 등번호를 받아 경기에 나가고 싶다. 하지만 그렇지 않은 현실을 마주했을 때 낙심하지 않고 자기 자리에서 무엇을 할 수 있는지 생각하는 태도, 팀을 위해서 어떤 공헌을 할 수 있는지 고민하는 모습들이 모여 팀이 이루어진다. 저학년 선수 지원, 동기들을 향한 질타와 격려, 상대 팀과 데이터 분석, 관중석에서의 응원 지휘, 이렇게 자신이 할 수 있는 일을 찾아서 자부심을 가지고 헌신하는 태도가 벤치에 들어가지 못한 3학년의 사명이다. 활약을 하는 일과 장소는 달라도 모든 선수가 팀에 공헌하고 있다고 스스로 느낄 수 있는 팀이 되는 것이 이상이자 목표다.

하지만 아무래도 고등학생이다 보니 내가 바라는 대로 되지 않는 경우도 많다. 심하게 좌절한 나머지 도무지 헌신하는 태도가 보이지 않는 선수도 있다. 연습 경기를 하고 있는데 숙소에서 잠을 잔 선수도 있다. 이러한 일이 생기면 모두 모여 미팅을 하거나 당사자를 불러 일대일로 대화를 하면서 상황에 따라 대처한다. 잘못했다고 해서 그만두게 하는 게 아니라 한번 더 기회를 줘서 팀 안으로 돌아오게 하는 일도 지도자가 해야 할 역할이라고 생각한다.

부모가 자기 자식을 객관적으로 보기 어려운 것처럼 우

리 팀의 선수들이 활기차게 야구에 몰두하고 있는지는 내가 정확하게 판단할 수 없다. 단지 주변 분들이 그래 보인다고 말해주시면 기쁠 뿐이다. 주전이든 아니든 선수 한 명 한 명이 '오늘도 야구를 하고 싶다'는 들뜬 마음으로 경기장에 와주길 바란다. 말이 쉽지 실제로 쉬운 일이 아니라는 점을 잘 알지만 그런 팀을 지향하며 하루하루를 선수들과 보내고 있다.

중요한 것은 선수들이 실제 경기장에서 '우리가 주인공'이라고 생각하는 것이다. 나는 이를 위해 선수들 스스로 생각하는 기회를 자주 제공하고 속박이 있다면 최대한 풀어주려고 노력한다. 선수가 자신이 주체가 되어 야구를 하고 있다고 느끼도록 신경을 쓴다. 지도자는 선수 각자가 빛나기 위해 돕는 존재에 지나지 않으며 선수에 비해 특별히 훌륭하지도 않다는 인식을 바탕으로 선수를 대한다.

고교야구의 역할을
다시 묻는다

선수를 어른으로
대한다

고교야구에서만 통하는 상식은 가르치지 않는다

내가 선수들을 지도할 때 가장 신경을 쓰는 부분은 선수의 주체성을 키우는 일이다. 프로가 되어 야구를 계속하는 선수는 극히 일부다. 설령 프로야구 선수가 되었다고 해도 언젠가는 은퇴를 하게 된다. 감독, 코치나 해설위원이 되는 사람 역시 그 중에서도 극히 소수에 불과하다. 그렇기 때문에 대부분의 선수들은 야구를 그만두었을 때 사회의 거친 파도를 헤쳐나갈 수 있는 자질을 갖추어야 한다. 그런 면에서 고교야구는 자신의 가치와 인간성을 높일 수 있는 좋은 기회다. 오직 야구 실력을 높이고 경기를 이기는 것에만 시간을 쓰면 곤란하다.

야구에서 유독 '시키는 대로만 해' 스타일의 지도 방식이 많이 보이는데 내가 볼 때 이건 어른들의 아집이다. 이러한 지도 방식은 2~3년 안에 성과를 내기에는 효과가 있을지 모르지만 선수의 긴 인생에는 도움이 되지 않을 가능성이 무척 높다. 지도자 자신도 선수들을 지도하며 행복하지 않을 가능성이 높다. 사회에서 잘 살아가는 사람들은 자신을 객관적으로 바라보는 능력이 뛰어나다. 자기 나름의 아이디어를 가지고 있고, 자신의 강점을 잘 알고 있으며, 그것을 키우려고 늘 노력한다.

다양성이 존중되고 저마다 다른 모습의 행복을 추구하는 시대로 가고 있다. 돈, 가족, 일의 보람 등 다양한 가치관 속에서 무엇이 나를 행복하게 하는지를 모르면 진정한 행복을 찾을 수 없다. 집단 속에 있을 때만 만족을 느끼게 되면 함께 있을 때 생기는 상대적인 가치관만 따르게 된다. 자기 혼자서는 진정한 행복이 무엇인지 모르게 된다. 이는 대학입시나 취업과 같은 인생의 전환점에서 더욱 두드러지게 나타난다.

우리 선수들이 그런 어른이 되지 않도록 하려면 고등학생 때부터 자기 나름대로 인생의 잣대를 세울 준비를 하도록 이끌어주어야 한다. 공부도 그런 준비 중 하나다. 공부를 하면 미래의 가능성과 선택의 폭이 커진다. 고등학교 때까지 어느 정도의 공부를 통해 논리적이고 유연하게 사고하는 연습을 해놓아야 한다. 대학생이 되어서 정말 하고 싶은 일이 생기는 사람도 많다. 그럴 때 늦지 않을 정도의 공부는 해두어야 한다.

　나는 대학교를 졸업하고 3년 동안 통신 회사(NTT)에 근무하면서 법인 영업을 담당했다. 야구에서 멀리 떠나 있던 시기였지만 되돌아보면 지금 고교야구 감독을 하는 데 필요했던 귀한 경험이었다. 특히 혼자서 할 수 없는 일을 회사의 동료들과 함께 해내는 과정을 통해 팀워크의 중요성도 체감했다. 나는 외근을 나가 고객을 만날 일이 많았는데 일을 순조롭게 진행하기 위해서는 다른 부서의 직원과 협업을 하고 회사 내의 많은 전문가들로부터 조언을 들을 필요가 있었다. 이러한 경험을 통해 혼자서 할 수 있는 일은 별로 없다는 사실을 뼈저리게 느꼈다. 이는 어느 팀이나 조직이라도 마찬가지라고 생각한다. 지금 감독이 하는 일을 들여다보아도 그렇다. 세세한 부분까지 모두 감독 혼자서 할 수는 없다. 야구부장, 코치, 학생 코치들과의 협업이 잘 이루어져야 팀이 제대로 돌아간다.

　나는 야구계나 고교야구에서만 상식으로 통하는 일은 가르칠 생각이 없다. 보통 야구 선수들이 자주 하는 인사말도 하지 못하게 한다. 바깥 세상에서는 그런 모호한 인사는 하지 않기 때문이다. 발음을 또박또박 하도록 한다. 헤어스타일과 몸가짐도 마찬가지다. 반복해서 말하지만 '야구만 시키면 된다'거나 '야구만 잘하면 된다'는 생각은 근본적으로 틀렸다. 그라운드보다 더 냉혹하고 아무도 지켜주지 않는 세계로 나아가 스스로의 힘으로 길을 열어가야 하는 삶의 준비를 도와주는 것이야말로 지도자가 할 일이다.

최고의 멘탈 훈련 도구는 질문

감독과 선수는 상하관계가 아니다. 최종 결정을 하는 책임을 가진 자리이기는 하지만 선수와는 함께 팀을 만들어가는 동료이자 동지라는 생각으로 나는 감독의 역할을 해나가고 있다. 무슨 일이 생기면 터놓고 이야기할 수 있는 의사소통을 하려고 노력한다. 어쩌다 내가 먼저 태어났을 뿐이고, 열심히 땀을 흘리는 사람도 선수들이지 내가 아니다. 내 말 대로 하면 고시엔에서 우승할 수 있다는 생각도 전혀 하지 않는다. 오히려 선수들에게 '나를 제발 고시엔에 데려가 달라'고 자주 하소연한다.

이런 생각이 바탕이 되어야 선수를 하나의 인간으로 대할 수 있다. 고등학생 정도면 여러 면에서 어른에 가까운 점들이 많기 때문에 각자가 자신의 생각을 편하게 꺼낼 수 있는 환경을 만들려고 노력한다. 이를 위해 나는 선수에게 의도적으로 질문을 자주 던진다.

"어떻게 생각해?"

"어떻게 하고 싶어?"

"지금은 왜 이 플레이를 선택한 거지?"

결과를 가지고 칭찬하거나 지적을 하기 보다 선수에게 플레이의 의도를 물어본다. "그렇게 하면 안 돼!" "이렇게 해야지!" 이런 방식으로 알려주면 진정으로 선수의 마음에는 와닿지 않는다. 결국 스스로 깨닫는 게 중요한데 그러려면 선수 스스로 생각해 분명한 의도를 가지고 플레이하는 습관을 길러야 한다. 이를 훈련시키기 위해 꼭 필요한 수단이 바로 지도자의 질문이다.

선수가 실수를 했을 때 "이 바보 같은 녀석아. 그게 아니지!" 이렇게 혼을 내기만 하면 선수는 스스로 생각하는 습관을 만들어가기 어렵다. "예!" 하고 대답은 그게 해도 실수한 이유를 자기 머리로 생각해서 이해한 것이 아니기 때문에 같은 실수를 반복하게 된다.

스스로 생각하기. 자신만의 의견을 갖기. 이해하기. 사실 이러한 작업을 머릿속에서 반복해 나가는 과정이 스포츠의 본래 모습이다. 스포츠는 몸의 움직임과 함께 이루어지는 고도의 지적인 작업이다.

'지금은 스윙이 늦었어. 다음에는 배트를 조금 더 짧게

잡아야겠다.'

'조금 더 타석 뒤에 서볼까?'

'포인트를 앞으로 잡아서 쳐볼까?'

야구는 투수가 다음 공을 던질 때까지 대략 15초 동안의 시간이 주어진다. 선수는 이 시간을 이용해 다음 공을 위한 생각을 해야 한다. 9이닝 경기를 하면 두 팀이 대체로 300구 가까이를 던지므로 머리를 쓰고 안 쓰고의 차이는 당연히 크다고 할 수 있다. 투수와 타자는 물론 야수들도 그 시간을 어떻게 활용하느냐에 따라서 승패가 갈라진다. 기술과 체력에 압도적인 차이가 있다면 몰라도 실력이 엇비슷할 때는 냉정하게 머리를 잘 쓰는 팀이 승리를 가져갈 가능성이 높다.

선수를 어른으로 대하다보면 종종 나를 놀라게 하는 제안을 하는 선수가 나타난다. 2019년에 졸업한 요시다는 팔꿈치 수술을 해야 할 정도로 큰 부상을 당해서 마지막 시즌은 피칭을 포기할 수밖에 없었다. 그래도 야구와 팀에 대한 애정은 변함이 없어서 다른 방법으로 팀에 기여하고 싶어했다. 바로 데이터 분석이다.

요시다는 2학년 겨울에 A4 용지로 20장이나 되는 리포트를 만들어 찾아왔다. 여름부터 가을까지 모든 연습 경기의 기록지를 분석해 자료를 만든 것이다. 타율이나 방어율과 같은 일반적인 기록뿐만 아니라 OPS[1]를 포함한 다양한 지표를 산출해 정리한 리포트였다. 이상적인 타순, 투수의 유형별 타구 결과와 같이 대학생도 쉽게 만들 수 없는 다양한 분석 데이터를 담고 있었다. 내가 부탁을 하지도 않았는데 그런 자료를 가져오니 큰 감동을 받았다.

그렇게 정성스럽게 리포트를 만든 이유를 물어보니 원래 야구를 숫자로 들여다보며 분석하는 일을 좋아했다고 한다. 자신의 지식을 팀에 적용해보고 싶었다고 말했다. 그라운드에서는 팀에 도움을 줄 수 없지만 전력분석을 통해서라도 기여하고 싶다고 했다. 실제로 봄 대회에서는 요시다와 상의하면서 타순을 짜고 불펜 투수들을 내보냈다. 비록 우승이라는 목표는 이루지 못했지만 요시다의 주체적인 행동은 팀원 모두에게 큰 용기를 북돋아주었다.

생각하는 야구의 끝! 노사인 경기

야구는 축구나 럭비처럼 경기가 끊기지 않고 진행되는 스포츠가 아니기 때문에 중간중간 벤치에서 사인이 자주 나온다. 문제는 선수가 사인을 어떻게 받아들이는가다. 예

---

1   출루율에 장타율을 더한 지표

를 들어 도루 사인이 났을 때 '사인이 나왔으니 뛰어야 지.' 이 정도 수준으로 생각하는 선수와 '그렇죠! 왠지 도 루 사인이 나올 것 같았어요.' 이렇게 먼저 상황을 읽고 사인을 이해하는 선수는 분명히 차이가 있다. 선수가 각 각의 상황에서 스스로 생각하는 것이 훈련이 된 팀은 이 런 식으로 서로 간에 늘 무언의 대화를 한다.

팀의 이상적인 모습의 마지막 단계는 노사인(No Sign) 이다. 정말 어려운 경지다. 노사인 경기를 하면 스퀴즈 번 트나 히트앤드런처럼 타자와 주자를 연결한 작전은 사실 상 하기가 어렵다. 과거에 일정 기간 노사인 야구를 한 시 기가 있었다. 선수들이 공식 경기에서 노사인 경기를 하 는 게 자신이 없다는 의견을 냈고 결국 감독인 내가 책임 을 진다는 뜻으로 두 달여 만에 그만두었다.

비록 도전은 좌절되었지만 나에게 노사인 경기는 계 속 관심을 가지고 있는 테마다. 감독이 일일이 사인을 내 지 않더라도, 또 궁극적으로는 감독이 벤치에 없더라도 이길 수 있는 팀이 이상적인 팀이라고 보기 때문이다. 다 른 경기와 달리 야구는 공을 한 번 던질 때마다 플레이가 멈추기 때문에 지도자의 의도가 개입되기 쉬운 특징을 가 지고 있다. 그런 측면 때문에 감독의 스타일이 팀에 잘 나 타나고 그런 모습이 미디어에 과도하게 보도되는 경향이 있다. 팬들도 '여기서는 번트를 대야지' 하는 말을 쉽게 한다. 그만큼 어려운 과제이기 때문에 앞으로도 계속 도전해보고 싶다.

스스로 생각하는 힘을 키운다

시키니까 하는 야구에서 좋아서 하는 야구로

우리 야구부는 '스스로 생각하는 선수'를 슬로건으로 내걸고 있는 팀이다. 고교야구의 오랜 전통과는 분명히 구별되는 가치일 지도 모른다. 이야기를 풀어나가기 전에 전제해 두어야 할 사실이 있다. 우리의 철학은 어디까지나 여러 선택지 중 하나에 지나지 않는다는 점이다. 지도자의 철학과 팀 사정을 고려해 각자 자신의 팀에 맞는 방법을 고르면 된다. 물론 우리가 추구하는 야구가 나른 팀에도 선택지 중 하나가 되면 좋겠다는 바램은 있다. '저런 관점도 있구나!' 하고 알아봐 준다면 그것으로 만족한다. 고교야구는 여러 면에서 허용되는 범위가 굉장히 좁은 편이다. 그 경계를 벗어나는 말이나 행동은 이단 취급을 당하는 경향이 크다. 그런 부분은 바뀌었으면 좋겠다.

스스로 생각하는 야구의 장점은 야구가 자연스럽게 재밌어진다는 점이다. 이는 마치 입시 공부와 방학 때 하는 자유 연구의 차이와 같다. 자유 연구는 내가 좋아하고 흥미가 있는 분야를 주제로 정해 탐구하니까 저절로 몰입

하게 된다. 반면 입시 공부는 시키니까 하거나 해야 한다고
해서 하는 측면이 강하다. 물론 입시 공부를 통해서도 배우
고 습득하는 게 있기 때문에 이런 방식을 전부 부정할 수는
없지만 나는 우리 고교야구가 자유 연구에 가까워졌으면
한다. 야구를 하는 게 재밌고 즐거우면 더 잘하고 싶어서
깊이 생각하게 된다. 그러면 자연스럽게 야구 실력이 늘면
서 몰입의 수준이 더욱 깊어지게 되는 선순환이 일어난다.

하지만 시키니까 하는 연습은 다르다. 실력이 다소 늘었
다고 해도 자발적으로 즐겁게 한 것이 아니기 때문에 좀처
럼 '스스로 사고 - 자발적인 몰입 - 실력 향상 - 즐거움과
재미'의 선순환이 일어나지 않는다. 내가 보기에 일부 선수
들은 그저 고시엔이라는 크게 드러난 목표가 있으니까 열
심히 하는 것처럼 보인다. 야구를 하는 게 그다지 즐겁다고
느끼지는 못하는 것 같다.

우리 게이오기주쿠고등학교 야구부는 '좋아하니까 한
다.' '그렇기 때문에 노력한다.' '그래서 힘든 일이 있어도
이겨낼 수 있다.' 이런 사고 방식을 바탕으로 팀을 운영한
다. 우리 팀의 슬로건인 '엔조이 베이스볼(enjoy baseball)'은
그저 즐겁게만 하면 된다가 아니라 더욱 수준 높은 야구를
즐기자는 뜻이다. 높은 수준에 이르기 위해서는 결국 스스
로 몰입하는 게 중요하다. 등산을 할 때 빨리 올라갈 수 있

다고 해서 케이블카를 이용한다면 성취감은 그다지 크지 않다. 자기 발로 한 발 한 발 오른 사람과 케이블카를 타고 오른 사람은 성취감도 성장의 가능성도 다르다. 자기 발로 오르는 사람은 괴롭고 포기하고 싶은 마음과 계속해서 만나야 한다. 그래서 나는 선수들에게 반복해서 이야기한다.

"시간은 걸릴지 몰라도 자기 발로 산을 오르길 바란다. 높은 산에 오를수록 더 좋은 경치를 볼 수 있어."

지도자가 시키는 대로만 따라 하는 것은 케이블카를 타는 것과 같다. 스스로 생각해서 자발적으로 몰입하고, 늘어나는 실력을 통해 재미를 느끼는 야구. 이런 야구에는 지도자가 어떤 말로도 전달할 수 없는 성취감이 있다.

선수가 야구를 즐기면서 할 수 있도록 하려면 지도자의 역할이 필요하다. '선수가 무엇을 목표로 삼고 있는가?' '그 목표를 향해서 어느 정도 가고 있는가?'를 유심히 지켜보는 일이다. 선수는 저마다 '이렇게 치고 싶다'거나 '이렇게 던지고 싶다'는 생각이 있다. 거기에 지도자가 쓸데없는 지시나 불필요한 지도를 하면 선수는 주체성을 잃게 된다. 지도자의 가르침대로 해서 잘 되었다고 해도 그것은 자기가 찾은 것이 아니다. 뿐만 아니라 결과가 좋지 않으면 '감독님이

하라는 대로 했다'고 변명을 하며 책임을 떠넘기기 쉽다.

결과에 대한 책임은 선수가 스스로 져야 한다. 그러려면 자신이 원하는 폼과 기술을 추구할 수 있어야 한다. 지도자가 옆에서 계속 지켜보며 도움을 줄 수는 있겠지만 선수 개인의 생각을 무시하고 지도자의 틀에 가두려고 해서는 안 된다. 나는 스스로가 드론이라는 생각으로 약간 뒤로 물러나 선수들을 관찰한다. 예들 들어 어느 선수가 극단적인 폼으로 홈런을 노리는 스윙을 하는 모습이 보인다. 모두가 같은 폼으로 칠 필요는 없다. 어느 정도 선수마다 스윙 동작이 다른 것이 당연하다. 하지만 그저 개인 경기를 하듯 지나치게 극단적으로 행동하면 곤란하다. 사실 개인과 팀 사이의 균형을 맞추는 일은 정말 어렵다. 허용되는 범위가 너무 좁으면 선수는 갑갑함을 느끼게 된다. 지도자가 이상적이라 여기는 동작이나 기술에 선수를 가두는 꼴이 되고 만다. 반대로 너무 넓으면 뭐든지 해도 된다는 식이 되어서 팀을 컨트롤하기가 어렵다. 어느 정도까지 허용을 해야 하는지를 조절하는 것이 지도자에게 요구되는 능력이라고 할 수 있다.

맡기고 믿고 기다리고 용납한다

나는 '맡긴다. 믿는다. 기다린다. 용납한다.' 이 네 가지를 신조로 삼아 선수를 대하고 있다. '맡긴다'는 것은 고등 학생이라고 해서 아이처럼 대하지 않고 그들의 성장을 위해 스스로 책임을 지게 한다는 의미다. 기꺼이 맡겨주면 선수 역시 기꺼이 책임을 지고자 한다. 일에 대한 보람도 커진다.

'믿는다'는 선수의 성장을 믿는다는 뜻이다. 어린 선수들은 몸도 마음도 알아서 성장해 간다는 사실에 대한 믿음이다. 성장에 대한 믿음이 없는 지도자는 모든 일을 지시하거나 통제하려고 한다.

'기다린다'가 가장 어려울지 모른다. 아무리 맡기고 믿어도 성장에는 시간이 걸린다. 잘 되다가도 어느 순간 갑자기 안 되기가 쉽다. 실수를 반복하는 시행착오는 성장의 과정에서 피할 수 없는 일이다. 고등학생의 성장은 지도사들의 생각만큼 빠르고 순조롭게 일어나지 않는다. 고교야구는 3년 밖에 안되기 때문에 빨리 키우고 싶다는 마음이 앞서기 쉽다. 맡기기 보다는 일일이 지시하고, 믿기 보다는 통제하려고 하고, 기다리기 보다는 다그치는 지도를 하기 쉽다. 솔직히 그렇게 하는 게 고시엔 수준의 팀을 만드는 지름길일 확률이 높다. 그렇기에 맡기고, 믿고, 기다리는 일은 어렵다.

눈앞의 승리만을 따라가는 게 선수를 위한 일은 아니다.

지도자가 생각하는 틀에 가두어서 자신의 말만 듣게 하고, 분 단위의 스케줄로 치밀하게 관리하면 당장의 성과는 낼 수 있을지 모르지만 선수가 앞으로 크게 성장하지 못하도록 가로막는 일이다. 이에 대해서는 다양한 의견이 있을 수 있다고 생각한다. 하지만 나는 선수에 대한 믿음을 바탕으로 이기고 싶다.

마지막으로 '용납한다'의 의미에 대해 설명한다. 어디까지나 고등학생이기 때문에 실수를 하기도 하고 어른이 볼 때 이해할 수 없는 일을 저지를 때가 있다. 그런 상황에서 '그래. 아직 고등학생이니까' 하고 마음을 느긋이 가지자는 의미다. 선수를 어른으로 대한다는 철학과 맥이 통하는 이야기다. 어른도 많은 실수를 저지른다. 특히 선수는 지도자가 '용납한다'는 마음가짐이 없으면 경기에서 적극적으로 플레이를 할 수가 없다. 야구는 뛰어난 타자라도 7할은 범타로 물러나는 경기다. 투수도 100개를 던졌을 때 원하는 곳으로 던지는 공은 절반 이하에 불과하다. 실수를 반복할 수밖에 없는 스포츠가 바로 야구다. 여러모로 미숙한 고등학생이 그토록 어려운 스포츠를 하는 것이다. 언제나 잘 될 리가 없다는 생각을 늘 마음에 품고 바라보아야 한다.

실제로 선수가 기대한 대로 크지 않는 경우도 있다. 지도자의 도움이 필요한 때라고 할 수 있다. 다른 연습 방법을 제안할 수도 있고 연습의 방향을 바꿀 수도 있다. 다른 포지션을 보게 해서 환경을 바꾸는 것도 방법이다. 지도자는 선수가 어려움을 겪게 되는 여러 상황에 맞는 수단을 많이 가지고 있어야 한다.

성장이 정체되는 선수 중에는 이런 케이스도 있다. 몸이 갑자기 커져서 중학교 3학년쯤에 '괴물'이라고 불리는 선수들이 있다. 그런데 지나고 보면 신체의 성장이 또래보다 조금 빨랐을 뿐이다. 고등학교 2,3학년이 되면 실력이 다른 선수들과 그다지 차이가 없어지는 경우가 많다. 선수는 저마다 성장하는 속도와 시기에 차이가 있다. 지도자가 그 부분을 정확하게 파악해 적절한 도움을 주지 않으면 선수는 초조함을 느끼며 어려움을 겪을 수 있다.

이렇듯 지도자라면 여러 관점에서 선수를 바라보는 태도가 필요하다. 나 역시 '귀여운 우리 자식' 이런 부모의 관점, '아직 애기니까' 이런 할아버지, 할머니의 관점, 선수의 실력과 장단점을 냉정하게 판단하는 야구 감독의 관점으로 두루 살펴보려고 노력한다. 한쪽 관점으로만 선수를 보면 선입견에 빠지기 쉽다. '뭐 이런 놈이 다 있어!' '이 녀석은 게을러 빠졌어.' 이렇게 선수의 안 좋은 면만 보면서 고정관념에 빠지게 된다. 선수와의 관계도 나빠질 수밖에 없다. 선수를 다각적으로 보는 지도자는 비록 어떤 면에서는 못

마땅하게 보이는 선수에게서도 좋은 면을 보게 된다.

선수들의 주체성으로 따낸 승리의 기억

2018년 여름 고시엔에서 우리는 쥬에츠고등학교를 만났다. 2대1로 이기고 있는 7회 초에 우리는 평범한 좌익수 앞 안타를 뒤로 빠뜨려 그라운드 홈런을 허용하며 동점이 되고 말았다. 승리를 눈앞에 두고 있는 경기 후반에 어이없는 실책으로 동점을 허용했으니 풀이 죽거나 패닉에 빠질 거라고 짐작했지만 선수들은 전혀 그렇지 않았다. 덕아웃으로 돌아온 선수들과 벤치에서 맞이하는 선수들의 표정이나 행동에서 그런 기운 빠진 모습은 찾아볼 수 없었다.

"아직 동점이야. 이제부터야!" "괜찮아. 늘 있는 일이잖아." 다들 이렇게 서로를 격려하면서 힘을 북돋워주었다. 나는 선수들이 수비를 마치고 돌아오면 어떻게든 분위기를 띄우는 말을 하려고 마음을 먹고 있었다. 하지만 선수들의 이런 모습을 보고 쓸데없는 말은 할 필요가 없다는 것을 알았다.

다음 이닝인 8회 초에 우리는 다시 원아웃 1,3루 위기를 맞았다. 상대 좌타자가 초구에 세이프티 스퀴즈를 시도했다. 세이프티 스퀴즈는 3루 주자가 번트 타구를 보고 나서 스타트를 끊는 작전이다. 우리는 쥬에츠고등학교가 이

사인을 잘 내고 특히 주로 1루 쪽으로 강한 번트를 보낸다는 것을 전력 분석을 통해 알고 있었다. 그래서 우리 팀의 포수 요시나미는 당시 마운드에 있던 좌투수 이쿠이에게 좌타자 바깥쪽으로 흘러나가는, 볼이 되는 슬라이더 사인을 냈다. 타자는 번트를 대려고 했지만 바깥쪽으로 빠지는 공을 맞추지 못하고 헛스윙이 되었다. 이때 3루 주자의 몸이 앞으로 쏠려 베이스에서 멀리 떨어져 있는 상황을 놓치지 않고 요시나미가 바로 3루로 공을 던져서 아웃을 시켰다. 우리는 순식간에 위기를 벗어났다.

상대의 스퀴즈를 막기 위한 이런 일련의 과정은 감독인 내가 지시한 게 아니었다. 포수 요시나미가 경기 전에 전력 분석 자료를 공부하고 스스로 생각한 결과였다. 요시나미는 투수의 상태를 잘 읽고 우리 투수가 상대 타지에게 강한지 약한지 등을 파악하는 감각이 뛰어난 선수였다. 그런 뛰어난 능력 때문에 1학년 가을부터 주전 포수가 되었다. 요시나미가 마스크를 쓰고 있던 2년 동안 내가 볼배합과 관련해 사인을 낸 적이 한 번도 없다. 요시나미는 아마 사인을 직접 정하는 재미와 어려움을 동시에 느꼈을 것이다. 고시엔에서 절체절명의 순간에 나타난 그 플레이는 자신이 직접 머리를 써서 결정하는 경험을 많이 쌓아온 결과라고 할 수 있다.

여기서 끝이 아니다. 상대의 스퀴즈 실패를 이끌어내며 위기를 벗어나나 싶었지만, 선발로 나와 8회까지 계속 던진 이쿠이가 힘이 달리기 시작했는지 다시 안타를 맞고 투아웃 1,2루의 위기가 계속되었다. 다음 타자는 앞 타석에서 그라운드 홈런을 친 선수였다. 어쩐지 불길한 분위기가 감돌기 시작했다고 느껴서 투수를 와타나베 준이치로 바꿨다. 다행히 와타나베가 다음 타자와 9회를 잘 막아주어서 9회 말 끝내기 승리를 거둘 수 있었다.

와타나베는 지역 대회 때부터 항상 위기 상황에서 등판해 온 선수다. 도카이다이사가미고등학교와의 준결승전에서는 9회에 이쿠이가 손가락에 쥐가 나서 급하게 등판했다. 도코가쿠인고등학교와의 결승전에서도 7대5로 바짝 쫓기고 있던 8회에 올라와 좋은 피칭을 했다.

지역 대회가 시작되기 전에 와타나베에게 "미안한데 올해 어려운 상황에서 부탁하게 될거다." 하고 마음의 준비를 단단히 해두라는 추상적인 이야기만 전달했다. 고맙게도 와타나베는 언제 나가도 던질 수 있는 준비를 늘 잘해주었다. '응? 이 상황에서 던지라고? 싫은데.' 와타나베가 이런 생각을 가지고 있었다면 아마도 좋은 결과가 나오지 않았을 것이다. 와타나베는 자기가 할 일을 분명히 인식하고 몸과 마음의 준비를 잘 했기 때문에 좋은 결과로 이어질 수 있었다. 고교야구는 프로야구와 달리 교체 선수가 많지 않다. 불펜 코치에게 전화로 세세하게 지시를 할 수도 없다. 그런 면에서 와타나베가 어려운 임무를 맡았음에도 조금도 허술함이 없이 준비를 해준 것은 정말 대단한 일이다. 겉으로 보면 그런 노력이 잘 안 보일 수도 있다. 하지만 와타나베가 한 준비 역시 '이쯤에서 호출이 오겠지' 하고 경기의 흐름을 읽는 능력을 주도적으로 갈고 닦은 결과다. 언제나 필요한 타이밍에 맞추어서 완벽한 준비를 해준 와타나베를 진심으로 존경한다.

스포츠맨십을 기른다

존중, 용기, 각오

선수뿐만 아니라 지도자도 똑같이 바탕으로 삼아야 하는 덕목이 스포츠맨십이다. 누구나 들어본 적이 있고 대충은 알고 있어도 정확하게 그 의미를 말할 수 있는 사람은 그렇게 많지 않을 거라 생각한다. 내가 생각하는 스포츠맨십은 존중, 용기, 각오, 이 세 가지 요소로 구성되어 있다.

존중은 동료, 상대 팀 선수, 심판, 규칙에 대한 존중을 의미한다. 용기는 실패를 두려워하지 않고 도전하는 자세다. 각오는 마지막까지 최선을 다하고 어떤 결과라도 받아들이는 태도다. 나는 중학교 동기이자 일본 스포츠맨십협회 대표를 맡고 있는 나카무라 아키히로씨에게 스포츠맨십의 이런 내용에 대해 배웠다. 그 후로 스포츠맨십의 바탕위에 팀의 기반을 세워야겠다고 생각했다.

나는 스포츠맨십이 스포츠를 하는 선수, 지도자뿐만 아니라 사람들이 하나의 인간으로 살아가는데 필요한 밑바탕이라고 생각한다. 그런 면에서 진정한 스포츠맨십을 습득하는 것이 고등학교 운동부 활동의 중요한 목표 중 하나가되어야 한다. 고교야구라고 하는 도구를 사용하여 스포츠맨십을 갖춘 인간을 키워서 사회로 내보낸다. 이것이 지도자의 사명이 되어야 한다. 스포츠맨십의 바탕 위에 야구 기술이나 전술 등이 존재한다.

규칙의 틈새를 노리는 지도자를 보고 선수가 배우는 것

고등학교에서 스포츠를 하는 근본적인 가치는 스포츠맨십을 길러 더 나은 인간으로 성장하고 사회인으로서 살아갈 힘을 키우는 데 있다. 규칙을 존중하고 상대와 정정당당하게 겨루겠다는 마음이 스포츠맨십이다. 어떻게든 사인을 훔치려는 노력을 하기보다 어떤 공이 와도 쳐낼 수 있는 능력을 키우겠다는 태도가 스포츠맨십이다. 하지만 안타깝게도 고교야구에 사인 훔치기가 은근히 판을 치고 있다. 상대가 사인을 훔칠 거라고 여기기 때문에 사인은 더욱 복잡해진다. 그로 인해 경기 시간이 길어지고, 사인 미스가 나와 본말이 전도되는 모습도 종종 보인다. '보이는데 어떡하냐'고 변명하는 사람이 있는데 억지스러운 말이다. 많은 팀이 사인을 감추기 위한 대책을 세우고 있어서 사인을 훔쳐보는 게 쉽지는 않다. 스포츠맨십을 기르는 것이 학생이 스포츠를 하는 의미라는 점을 분명히 인식하면 어떻게 하면 좋을지는 자명하다. 사인 훔치기는 금지되어 있지만 벌칙 규정은 없다. 그래서 심판이 수상한 행위를 발견했다고 해도 주의를 주기만 하면 끝이다. 당연한 말이지만 벌칙이 없다고 사인을 훔쳐도 된다는 의미는 아니다.

고등학교 때 그런 행동을 했다는 기억을 간직한 채로 어른이 되어도 좋을까? 이길 확률을 높이기 위해 비겁한 수를 쓴 행동은 이후의 인생에 커다란 영향을 미친다. 팀이 그런 행동을 용인한다는 것은 '어찌 되었든 안 들키면 된다'거나 '약삭빠르게 자기 이익만 챙기면 된다'는 사고 방식을 가진 인간을 키우는 일이다. 고등학생이 그러한 경험을 하도록 놔두는 것은 지도자로서 큰 죄를 짓는 일이다.

사인 훔치기 말고도 스포츠맨십과 관련된 문제가 생겼을 때는 지도자가 직접 나서야 한다. 선수와 이야기 나눌 수 있는 좋은 기회다. 스포츠맨십은 분명 멋진 개념이지만 다소 추상적이기 때문에 설명을 해주어도 선수의 내면에 스며들기 어려운 측면이 있다. 그래서 사인 훔치기와 같이 구체적인 사례가 등장하면 스포츠맨십을 이해시키는 데 큰 도움이 된다.

　　"사인을 훔치는 거에 대해 어떻게 생각해?"
　　"오늘 연습 경기에서 상대 선수가 이런 플레이를 했는데 너의 생각은 어때?"

　나는 어떤 문제든지 선수에게 "어떻게 생각해?" 하고 물어서 스스로 먼저 생각하게 만든다. 그렇게 질문을 통해 먼저 생각해보게 한 다음에 나의 생각이나 원하는 바를 전달한다. 한 번은 투구수 제한을 주제로 선수들과 이야기를 나눈 적이 있다. 찬성한다는 의견이 많아서 나로서는 뜻밖이었다. 투수라면 마지막까지 던지고 싶다는 의견이 많을 거라고 생각했는데 나의 예상과는 다르게 찬성하는 선수들이 많았다. 하나의 주제에 대해 여러 의견이 있는 것이 당연하다. 야구도 세상도 마찬가지다. 모두가 같은 생각을 가지는 일은 있을 수 없다.
　스포츠맨십을 처음부터 완전히 습득하기란 쉽지 않다.

어쩌면 스포츠맨십에서 말하고 있는 개념들은 이르고 싶은 궁극의 이상적인 모습이라고 할 수 있다. 중요한 것은 그러한 이상을 향해서 함께 노력하고 논의해 나가는 과정이다.

이런 스포츠맨십을 바탕으로 승리를 위한 방법을 탐구해야 한다. 이기기 위해 수단과 방법을 가리지 않는 게 아니라 스포츠맨십의 바탕 위에서 이기기 위한 수단을 고른다. 말이 쉽지 현실은 그렇지 않다거나 지나치게 이상을 쫓는다고 생각할 지도 모르겠다. 하지만 나의 생각은 분명하다. 스포츠맨십을 지향하면서 승리를 목표로 하지 않으면 선수들은 진정한 의미로 야구가 재미있다고 느끼지 못할 것이다. 스포츠맨십이 바탕이 되었을 때 선수들은 자연스럽게 '어떻게 하면 정정당당하게 맞붙어서 이길 수 있을까?'라고 생각하게 된다.

선수는 스스로 자란다

지도에 대한 환상

현재 100 정도 수준인 선수가 있다고 가정해보자. 가만히 두면 150까지 성장할 선수가 지도자의 간섭으로 인해 120 언저리에서 성장이 멈추는 일이 비일비재하게 벌어지고 있다. 언뜻 보면 발전한 것처럼 보이지만 지도자의 과도한 개입이 잠재력을 최대로 끌어올리지 못하고 성장을 방해한 셈이다. 지나친 가르침은 이러한 위험이 있음을 늘 인식하고 있어야 한다. '내가 가르치면 좋아져.' '선수를 위하니까 가르치는 거야.' 지도자들의 이런 마음은 어쩌면 환상일 지도 모른다. 가르침이 지나치면 선수가 스스로 알아차리며 더 크게 자랄 기회를 앗아가게 된다. 이는 스포츠 지도자뿐만 아니라 모든 어른에게 해당하는 내용이다. 지금은 숫자와 성과가 더욱 강조되는 시대이기에 시간이 조금 걸리더라도, 아이가 실패를 하더라도, 참고 기다릴 수 있는 어른의 자세가 더 크게 요구된다.

나는 야구부 선수들 외에도 내가 가르치는 초등학교 학생들에게도 이런 다짐을 실천하려고 노력하고 있다. 비록 초등학생이라도 그 나이에 맞게 나름대로 생각하고 행동할 수 있도록 신경을 쓴다.

"엄마, 아빠가 그렇게 해야 한다고 말씀하셨어요."
"친구가 해서 저도..."

초등학생은 이런 말을 변명 삼아 자기 스스로 생각하기를 포기하는 경우가 많은데 그래서는 안 된다고 생각한다.

문제에 부딪혔을 때는 일단 멈춰 서서 자기 나름대로 생각을 하고 답을 내게 한다. 그러다 보면 엉뚱한 결론에 이를 때도 있지만 초등학생이기 때문에 큰 문제는 아니다. 잘 되지 않더라도 그때마다 고쳐 나가면 된다. 부모나 교사, 친구의 탓을 하지 않고 먼저 스스로 생각해보도록 가르친다.

초등학교 교사와 고교야구 감독을 겸직하게 되면 시간도 그렇고 체력적인 면에서도 솔직히 힘든 면이 많다. 초등학교가 아니라 고등학교 교사로 근무하면 그라운드도 가깝고 50분 정도 걸리는 이동 시간도 줄일 수 있어서 삶은 다소 편해질 것이다. 하지만 초등학교 담임을 하면서 도움이 되는 경험을 많이 하게 된다. 어린이인 초등학생과 어린이와 어른의 중간 단계에 있는 고등학생을 날마다 대하다 보면 새롭게 알아가는 것들이 은근히 많다. 뜻밖에 비슷한 면이 있기도 하고 극단적으로 다른 부분이 관찰되기도 한다. 많은 것들을 배울 수 있기 때문에 어느 한 쪽에서 그만두라고 할 때까지는 계속 열심히 하려고 한다.

실수를 허용하는 환경에서 선수는 크게 자란다

실패를 하거나 어느 정도 돌아가더라도 용인해주는 환경 속에서 선수는 자신이 본래 품고 있는 잠재력만큼 크게 자랄 수 있다. 선수들은 종종 무리한 플레이를 하다가 실수를 하곤 한다. 그럴 때마다 "왜 그렇게 쓸데없는 짓을 한 거야!" 하면서 크게 야단을 치거나 경기에서 빼버리는 지도자가 있다. 실수를 한 번 했을 뿐인데 2군으로 내려버린다. 선수가 크게 성장하기 좋은 환경이라고 할 수 없다. 그렇게 엄격한 환경에서 선수는 오로지 실수를 하지 않는 게 목적이 되어버린다. 잠재력의 싹이 조금씩 사라지게 된다.

학교는 기본적으로 실수와 실패를 위한 장소다. 운동부 활동은 더더욱 그렇다. 첫 번째 타석에서 삼진을 당했다면 두 번째 타석에서는 배트를 짧게 잡거나, 다른 변화구를 노리거나 하면서 나름의 방법을 고민해 보는 데 의미가 있다. 물론 그렇게 해도 똑같이 삼진으로 물러날 수도 있다. 하지만 아무런 생각 없이 당한 실패와 진지하게 머리를 쓴 후에 마주한 실패는 의미가 완전히 다르다. 플레이를 하는데 별다른 의도나 고민이 없이 계속 같은 실수를 반복하는 경우에는 그냥 넘어가지 않는다. 그런 소극적인 자세를 그대로 방치하면 선수가 발전할 수 없다. 무엇이 잘못되었는지 알아듣게 이야기해주고, 필요하다면 교체를 하거나 아래 단계의 팀으로 보내기도 한다. "실패해도 괜찮아." "결과만 보는 게 아니야." 선수에게 이런 메시지가 닿을 수 있도록 나는 결과만이 아니라 과정과 의도, 적극성도 함께 평가하려고 노력한다.

지도자도 선수와 함께 성장하는 존재

내가 또 하나 마음 속에 늘 의식하는 것은 '가르쳐서 키운다(教育)'가 아닌 '함께 자란다(共育)'는 생각이다. 교육(教育)은 지도자가 위에 있고 선수를 가르쳐서 키운다는 의미가 크다. 공육(共育)은 지도자와 선수가 함께 성장한다는 의미를 담고 있다.

나는 선수의 발전 못지 않게 나 자신의 발전에도 관심이 많다. 지도자가 선수보다 발전의 속도가 빨라야 한다. 그렇지 않으면 새로운 연습 방법이나 야구 이론, 최신 트랜드에 적응하지 못하고 뒤쳐지게 된다. 은퇴할 때까지 얼마 남지 않았으니 기존의 지식과 노하우로 버티려고 하는 지도자들이 있다. 성장하려는 욕구나 향상심이 없는 그런 지도자는 하루라도 빨리 그만두고 다음 세대에게 자리를 물려주면 좋겠다.

선수에게 성장을 요구하는 이상으로 자신도 지도자로서 성장하겠다는 포부가 있어야 한다. 나는 그런 에너지가 사라지면 지도자를 그만두려고 마음을 먹고 있다. 그래서 다른 종목의 지도자들과 교류를 하고, 다양한 주제의 책을 읽으며 끊임없이 머릿속에 무언가를 집어넣으려고 노력한다. 하던 일만 계속 하면 나도 모르게 고교야구의 관점에서만 세상을 보기가 쉬운데 다른 스포츠에 몸 담고 있는 분을 만나면 큰 자극을 받는다. 같은 야구계라도 메이저리그를 다녀온 사람이나 프로야구에서 코치 경험이 있는 분을 만나도 무척 유익한 정보를 얻는다.

경력 자체가 나와는 완전히 다른 사람과의 만남에서도 마찬가지다. 인간은 아무래도 자신이 해온 경험 안에서 살게 된다. 한 사람의 성장은 실제로 경험하지 않은 일을 얼마나 받아들일 수 있느냐에 따라 크게 달라진다. 그런 만남을 통해 새로운 정보를 적극적으로 받아들이려는 자세가 좋은 지도자가 갖춰야 할 조건이라고 생각한다. 지도자의 성장은 자연스럽게 선수의 성장으로 연결된다.

다양한 사람과의 대화와 공부를 통해 얻을 수 있는 것은 하나의 현상을 다각적으로 볼 수 있다는 점이다. 이를테면 경기에서 지더라도 '이런 실수가 있었지.' '이런 준비가 부족했네.' '상대 팀의 이런 부분은 대단하다.' '다음에는 이렇게 해야겠다.' 이렇게 다양한 측면을 볼 수 있게 된다. 보이는 부분이 많을 수록 좋은 지도를 할 수 있을 것이다. 나는 비록 고교야구 감독이지만, 할 수 있는 한 고교야구 감독의 시야를 넘어 글로벌 기업 사장의 시야를 가지려고 노력한다. 그래야 더욱 강한 팀, 다양한 인재를 키울 수 있지 않을까 하는 생각 때문이다.

3
장

엔조이 베이스볼
(Enjoy Baseball)

야구를 즐기는
팀의 조건

단체 연습을 개인 연습처럼

높이 내건 목표를 이루려면 당연히 평소에 하는 연습이 중요하다. 코치라면 누구나 같은 생각일 것이다. 문제는 연습 방법이다. 지도자가 어떤 철학을 가지고 연습을 준비하는가! 지도자의 연습 준비는 경기의 결과뿐만 아니라 선수들의 앞날에도 큰 영향을 미친다.

지도자가 관리하기 쉬운 연습이 아니라 팀에 맞는, 선수 하나하나에 맞는 연습을 해야 한다. 오래 전부터 고교야구는 단체 연습을 주로 해왔다. 전체가 함께, 똑같이 하는 연습은 지도자의 자기 만족에 지나지 않는다. 눈앞에서 선수 모두가 일사분란한 모습으로 연습을 하고 있으면 지도자는 자신이 선수들을 잘 관리하고 있다고 느끼게 된다. '다들 열심히 하는군!' 하면서 자기 만족에 빠지기 쉽다.

하지만 선수들의 과제는 각자 달라야 한다. 저마다 다

른 것이 당연하다. 이 부분을 고려하지 않고 획일적으로 하나의 연습에 모든 선수를 맞추려고 하면 선수가 제대로 성장하기 어렵다. 선수의 실력이 평균 정도 수준에서 맴돌게 되며, 팀 전체의 성장 역시 평균의 수준에 머무를 수밖에 없다.

물론 야구에서 맞춤형 연습을 완벽하게 실행하기는 만만치 않다. 그라운드 안에서 여러 선수들이 자기의 과제만 생각하고 움직이면 여기저기서 날아오는 야구공에 맞아 부상을 당할 수 있다. 선수 모두가 개별적으로 연습을 하면 안전 관리를 할 수가 없기 때문에 어느 정도 통일된 연습을 할 수밖에 없다는 점은 인정한다. 그래도 되도록이면 선수 각자가 저마다의 과제를 가지고 '맞춤형' 연습을 할 수 있도록 준비해야 한다. 수비가 부족한 선수는 같은 시간 동안 펑고를 조금 더 많이 받도록 사전에 계획한다. 컨트롤을 개선해야 하는 과제가 있는 투수는 몸의 밸런스를 향상시키는 트레이닝을 포함시킨다. 함께 연습을 하더라도 지도자의 준비에 따라 개별 선수에 맞춘 연습을 진행할 수 있다.

이러한 맞춤형 연습이 제대로 효과를 보려면 선수의 '목적의식'과 연결되어야 한다. 히트앤드런 사인이 잘 나오는 타순에 있는 선수는 그 상황을 가정해 연습을 한다. 한 방을 기대하며 대타로 주로 나오는 선수는 강한 타구를 치는

데 신경을 쓴다. 얼핏 보면 같은 타격 연습을 하는 것처럼 보이지만 저마다 다른 의도를 가지고 연습을 한다. 당연히 연습의 성과가 높아질 수밖에 없다. 이를 위해서는 선수와 자주 의사소통을 하며 선수의 의도와 목적의식을 확인할 필요가 있다.

"지금 무슨 의도로 하고 있어?"
"어떤 목적으로 하고 있는 거야?"

이렇게 가끔씩 연습을 하고 있는 선수에게 다가가 의도나 목적의식을 체크한다. 만약 선수의 대답이 적절하지 않다고 느껴지면 대화를 나누면서 바로잡아 준다.

이번에는 펑고 연습을 30분 동안 한다고 해보자. 하염없이 계속 날아오는 공을 받기만 하면 그저 체력을 강화하기 위한 훈련일뿐이다. 이때도 선수가 펑고를 쳐주는 사람에게 구체적으로 요청을 하면 된다.

"저는 지금 백핸드 캐치가 많이 부족해요. 글러브쪽으로 많이 쳐주세요."

이런 방식으로 펑고 연습을 주도적으로 진행하면 큰 틀

에서는 단체 연습이지만 훌륭한 개인 연습으로 전환이 된
다. 선수의 목적의식과 서로간의 커뮤니케이션에 따라 얼
마든지 맞춤형 연습을 할 수 있다.

드론의 시점에서 관찰한다

각각의 선수에게 필요한 연습, 맞춤형 연습을 실천하려
면 지도자는 역설적으로 선수에게서 다소 떨어지려는 태도
가 필요하다. 나는 내 자신이 마치 하늘에 떠있는 '드론'이
라 생각하며 선수들을 관찰한다. 선수는 저마다의 개성을
가지고 나름의 속도로 다양한 방향으로 성장해 나간다. 그
런데 지도자가 이끌어간다는 의식이 앞서 있으면 선수들이
성장해 나가는 모습이 잘 보이지 않는다. 선수를 잘 관찰하
기 위해 드론의 시점이 필요한 이유다. 지긋이 떨어져서 보
게 되면 선수 한 명 한 명의 과제와 지금 어떤 연습을 하고
있는지 잘 파악할 수 있다. 오히려 선수를 하나하나 붙잡고
열정을 가지고 지도를 하다 보면 자기도 모르게 객관적인
관점을 잃어버린다.

우리 팀은 학생 코치가 10명 이상 있어서 선수마다 펑
고를 쳐주거나 피칭 연습을 봐준다. 그 덕에 나는 각각의
선수들이 하고 있는 연습이 잘 되고 있는지를 관찰할 수 있
다. 그렇게 관찰한 내용을 기반으로 코치를 배정하는 작업

을 한다. 나에게 선수를 세심하게 관찰할 수 있는 여유를 제공해 주는 학생 코치들에게 늘 감사한 마음뿐이다.

감독인 나는 다소 차가운 드론의 시점에서 팀을 관찰하지만, 개별 연습을 도와주는 학생 코치는 뜨거운 열정을 가지고 선수를 대한다. 학생 코치들이 비록 경험은 부족해도 젊은 사람들끼리 에너지가 부딪치는 과정 속에서 무언가가 솟아오를 때가 있다. 학생 코치는 자기 나름의 판단으로 "나는 이렇게 하는 게 좋다고 생각해." 하면서 선수의 성장을 북돋아 준다. 나는 학생 코치에게 책임은 내가 질 테니까 과감하게 해도 좋다고 이야기한다. 만약 잘못된 방향으로 가고 있다면 내가 바로잡아 주면 된다. 그렇게 역할을 부여해 주면 선수에 대해 나도 미처 알아차리지 못했던 부분까지 적극적으로 알려준다.

우리 팀에는 지도자가 앞장서지 않으니까 선수들이 자발적으로 움직이는 문화가 만들어졌다. 3년 전 주장이었던 니이미 칸타는 선수끼리 미팅할 시간이 있으면 좋겠다고 요청을 했다. 나는 그의 제안을 흔쾌히 받아들였다. 니이미는 1학년 때에도 전혀 주눅이 들지 않았던 매우 활달한 성격이었다. 경기할 때 나는 없어도 니이미만 있으면 된다는 생각까지 들게 만든 선수였다. 니이미가 선수들끼리의 미팅을 시작한 이후로 여러가지를 새로 만들었는데 그때 결정된 내용들은 지금도 전통으로 이어지고 있다.

선수들로부터 자기들끼리 하는 미팅에 대한 이야기를 들으면 대부분 건설적인 대화를 나누는 의미 있는 시간이었다고 말을 했다. 미팅에서 다루어진 내용보다 선수들이 주도적으로 팀 만들기에 참여하려는 모습에 무척 기분이 좋았다. 그 해부터 선수 미팅을 하는 횟수가 점점 늘어서 그때마다 팀 상황에 맞는 목표나 표어를 스스로 만들고 있다.

모든 플레이에 의도를 갖는다

선수 각자가 자신의 과제를 분명히 의식하면 단체 연습도 맞춤형 연습처럼 할 수 있다고 앞서 이야기했다. 경기라면 '의식'이라는 단어를 '의도'로 바꾸면 된다. 의도가 없이 플레이한다는 것은 아무 생각 없이 움직인다는 말과 같다. 별다른 생각 없이 한 플레이가 결과가 좋았다고 하더라도 그것은 어디까지나 우연일 뿐이다. 선수나 팀의 성장과는 연결되지 않으며 다시 그런 일이 벌어질 가능성도 낮아진다. 좋은 플레이를 반복하기 위해서는 분명한 의도를 가지고 움직이는 것이 중요하다.

같은 홈런이라도 '날아오는 공을 그냥 강하게 때려' 만든 홈런과 '투수의 컨트롤이 흔들리고 있다. 카운트가 유리

하니까 다음 공은 스트라이크를 잡으러 들어오는 패스트 볼을 노려서 치자.' 이렇게 분명한 의도를 가지고 만들어 낸 홈런은 의미가 전혀 다르다. 타격뿐만 아니라 투수의 볼 배합이나 수비도 마찬가지다. 순간순간 의도를 끄집어내는 연습을 하지 않으면 다음에 같은 상황이 왔을 때 원하는 플레이를 재현하거나 수정하기가 어렵다.

2016년에 감독이 되고 처음으로 맞이한 여름 고시엔 지역 대회 예선 8강 도카이다이사가미고등학교와의 경기에서 기억에 남는 장면이 있다. 첫 번째 타석에서 슬라이더에 범타로 물러났던 우리 팀의 유격수 세토가 두 번째 타석에 들어섰다. 세토가 타석에 들어서기 전에 나는 "상황에 따라서 기습 번트 사인이 날 수도 있다"고 넌지시 말해두었다. 슬라이더에 타이밍이 안 맞는 데다가 세토의 번트 기술과 빠른 발을 생각하면 출루를 위한 좋은 전략이라고 생각했기 때문이다. 세토는 고개를 끄덕이며 수긍하는 듯했다. 그런데 대기 타석에서 준비를 하다가 느닷없이 나에게 다가와 자신의 생각을 말했다.

"제가 첫 타석에서 슬라이더에 당했기 때문에 이번에도 비슷한 슬라이더로 스트라이크를 잡으러 올 겁니다. 그 공을 치게 해 주세요."

나는 5초(!) 정도 고민을 했다. 세토가 상대 투수의 심리를 읽으면서 노릴 공을 선택한 노력, 그리고 자신의 생각을 말하러 온 용기를 높이 사서 세토의 의견을 받아들였다. 놀랍게도 세토의 말처럼 초구에 슬라이더가 들어왔고 그 공을 멋지게 받아쳐 적시타를 만들어냈다. 공은 외야로 향하고 있던 바람을 타고 쭉쭉 날아가 전진 수비를 하고 있던 중견수 머리 위를 넘어갔다. 세토의 장타 덕에 우리는 3점 차에서 5점 차로 달아났다.

첫 타석에서는 당했지만 한 번 더 같은 공이 오면 칠 수 있다는 자신감. 그 공을 때리겠다고 감독에게 찾아가 말하는 용기. 우승 후보인 강팀을 상대로 지면 끝나는 토너먼트 경기의 긴박한 상황에서 아주 짧은 시간 동안 그런 판단을 내리고 나에게 자신의 생각을 말하는 세토에게 존경스러운 마음이 저절로 일어났다. 세토는 게이오기쥬쿠대학교에 진학하여 지금도 계속 야구를 하고 있다. 2학년부터 주전 유격수로 자리를 잡아 주장을 맡기도 했다. 솔직히 말하자면 나는 세토가 대학교에서 주전이 되기는 어렵다고 생각했었다. 주도적으로 판단하고 용기를 가지고 실제로 행동으로 옮길 수 있는 선수는 수준이 높아져도 계속 성장할 수 있다는 것을 새삼 느끼게 만든 선수였다.

많은 감독과 코치가 선수들을 늘 엄격하게 대하며 긴장

감이 감도는 팀 분위기를 만든다. 팀에 적절한 긴장감은 당연히 필요하다. "우리가 자발적으로 긴장감을 만들어 나가야 우리의 실력도 늘고 팀의 수준도 올라간다." 지도자가 팀 분위기를 일방적으로 만들기 보다는 선수들이 이렇게 이해하면서 팀에 건강한 긴장감을 형성하는 것이 더 좋다. 세토가 그런 건강한 긴장감을 정말 잘 만들어 준 선수였다. 지금도 세토가 형성해준 분위기가 남아 있다. '감독이 보고 있으니까'가 아니라 '우리가 더 잘하고 싶으니까' 스스로 긴장감과 엄격함을 적절히 유지한다. 이를 위해 서로의 생각과 의견을 나누고 지적한다. 세토는 선수가 팀을 주도적으로 이끌어간다는 의식을 강하게 심어준, 너무나 팀에 많은 기여를 한 선수였다.

노사인 경기를 연습하며 자라나는 주체성

연습에서는 높은 목적의식을 가지고, 경기에서는 항상 의도를 가지고 플레이한다. 이와 연결되는 내용으로, 나는 2장에서 이야기한 것처럼 '노사인(no sign) 경기를 이상'이라고 생각하며 연습과 경기를 운영한다. 어떻게 하면 점수를 더 많이 내고 실점은 더 적게 할 것인가? 이러한 기본이 되는 질문을 바탕으로 순간적으로 판단을 해야 하는 상황이 끊임없이 생기는 스포츠가 야구다. 그렇기 때문에 지도자가 모든 상황에서 사인을 내며 선수를 조종하면 선수는 사인대로만 하면 된다는 수동적인 자세가 습관이 된다. 그야말로 꼭두각시만 대량생산하는 꼴이 되어버린다. 우리 야구계는 그렇게 지시에 따라 잘 움직이기만 하는 선수가 좋은 평가를 받기도 한다. 선수가 자신만의 의도를 가지고 플레이하면 해서는 안되는 짓을 한 것처럼 인식하기도 한다. 이래서는 야구를 하며 주체적인 인간으로 성장할 수 없다.

예를 들어 벤치에서 번트 사인이 나왔다고 해보자. 하지만 선수는 '지금 수비 위치를 보면 번트를 대는 척 하다가 그냥 때리는 것도 좋을 것 같은데?' 이런 생각을 할 수도 있다. 벤치의 도루 사인이 없어도 '주자를 별로 신경 쓰지 않는데 2루로 뛰어볼까?' 하면서 선수 스스로 생각해서 움직일 수도 있다. 우리 팀은 할 수 있는 한 그렇게 하려고 한다. 연습 경기는 물론이고 공식 경기에서도 여러 상황에서 다양한 논의를 하는 편이다. 선수 각자가 나름의 근거를 가지고 생각한 다음 적극적으로 의견을 말하는 모습이 내가 생각하는 이상적인 팀의 이미지다. 아이를 어른으로 성장시키는 게 학교가 할 일이기 때문이다.

이런 모습이 고교야구가 지향해야 할 본래의 모습이지만 많은 지도자들이 그렇게 하지 않고 있다. 자신이 제일 잘 알고 있다고 생각하기 때문이다. 심지어는 '자신이 시키는 대로만 하면 이길 수 있으니까 쓸데없는 짓은 하지 말라'고까지 이야기한다. 선수를 믿지 않는 태도다. 지도자가 그런 생각에 빠져 있는 한 선수와의 신뢰 관계는 생기지 않는다.

물론 고등학생이 아무런 사인 없이 경기를 풀어나가기는 쉽지가 않다. 노사인 경기를 실제 경기에서 실천하기 위해서는 많은 단계를 거쳐야 한다. 나는 3학년들이 나가고 새로운 멤버로 시즌을 시작하는 시기에 진행되는 연습 경기부터 노사인 경기를 위한 준비를 시작한다. 경기 중에 여러 사인을 내고 경기가 끝나면 선수들에게 질문을 던진다.

"그 상황에서 이런 사인을 냈는데, 왜 내가 그 사인을 냈다고 생각해?"

이렇게 질문과 대답을 주고받으며 경기를 되돌아본다. 지도자의 의도와 선수의 생각을 서로 확인하면서 팀 전체의 사고가 더욱 깊어진다. 경기를 해나가면서 조금씩 사인이 없어도 경기를 할 수 있는 수준으로 팀을 만들어 간다. 그러면서 마지막 공식 경기가 되는 여름 대회에서는 사인을 전혀 내지 않고 경기를 진행하는 것을 최종 목표로 삼는다. 벤치의 의도와 선수의 의도가 일치하는 경기다!

'여기서는 도루를 하면 좋겠는데.' 하는 상황이 되면 실제로 선수가 과감하게 도루를 시도한다. 도루 사인을 냈는데 선수도 '도루 사인이 나올 줄 알았어.' 이런 생각을 했다면 이 또한 벤치와 선수의 의도가 맞아떨어진 것이다. 이렇게 벤치, 주자, 타자가 같은 생각을 가지고 시도하는 도루는 성공의 확률도 높아질 수밖에 없다.

하지만 선수가 별다른 생각 없이 그저 벤치의 사인대로 움직여 도루를 성공했다면 그저 도루 하나를 성공한 것에 불과하다. 그래서 나는 어떤 플레이를 하든 자신이 감독이라 생각하고 움직여 주었으면 좋겠다고 선수들에게 자주 이야기한다. 그렇게 생각하며 실행하는 플레이들이 쌓이면 팀의 수준은 틀림없이 올라간다. 또한 스스로 생각하면서 하는 경기가 그저 지시대로 하는 경기보다 훨씬 재미있다는 점은 두말할 필요가 없다.

지도자가 그런 방향으로 선수를 키우고 팀을 만들려면 자신의 의도대로 선수가 플레이하지 않는 상황을 주의 깊게 다루어야 한다. "스스로 생각해서 해 봐." 하고 선수에게 맡겨놓고는 막상 자신의 의도대로 움직이지 않았을 때 "왜 그런 짓을 한 거야!" 하고 꾸짖으면 선수는 어찌할 바를 모르게 된다. 벤치의 의도와 다르게 플레이를 했더라도 혼이 나지 않는다는 점을 확실히 안심시켜 주어야 한다. 아직 경험이 부족한 고등학생이기 때문에 '그래도 이건 아니잖아.' 싶은 플레이를 하는 경우가 종종 있다. 그래도 지도자는 꾹 참는 자세가 필요하다. 지시한 대로만 움직이게 하고 관리 하면 당연히 편하다. 하지만 그래서는 선수가 크게 성장할 수 없다.

연습의 질을 높이려면

동계 훈련 기간 동안 '스윙 연습 2만 개', '매일 전력 질주 100회'와 같이 연습의 양을 중시하는 팀이 적지 않다. 물론 많은 연습을 통해 생기는 '우리는 이만큼 했다'는 생각이 어느 정도 자신감을 불어넣기도 한다. 하지만 연습은 양 이상으로 질이 중요하다.

연습의 질을 중시하게 된 근본적인 요인은 게이오기주쿠고등학교의 야구부 환경에 있다. 명문 고교 야구부가 보통 가지고 있는, 선수 모두가 밤 늦게까지 연습할 수 있는 큰 실내 연습장이나 기숙사, 버스가 우리는 없다. 어쩔 수 없는 시간과 장소의 제약 때문에 우리는 연습의 질을 최대한 높이려고 노력한다.

'질'이란 단어에는 여러 뜻이 담겨 있다. 집중력이라고 말할 수도 있고, 공 하나하나에 분명한 의도를 가지고 실전을 가정해 연습하는 것을 말할 수도 있다. 스윙 연습으로 예를 들면, 다양한 코스로 날아오는 공을 떠올리며 배트를 휘두른다. 2인 1조가 되어 투수가 직접 공을 던지는 상황을 비슷하게 연출해 연습한다. 앞선 경기에서 삼진을 당한 공을 떠올리며 스윙을 한다. 방법은 너무나도 많다. 몸으로 하는 스윙 연습이지만 뇌의 작용, 생각이라는 요소를 더하지 않으면 진정한 복습, 좋은 연습이 될 수 없다.

물론 우리가 하는 방법이 완벽하다고 말할 생각은 없다. 실제 완벽하지도 않다. 그저 이상을 가지고 거기에 다가가려고 하는 노력에 의미가 있다고 생각한다. 매일의 연습은 그러한 이상을 지향하는 과정이다. 끝없는 여행을 계속하는 느낌이라고도 할 수 있다.

연습의 질을 높이려면 무엇을 위한 연습인지를 선수 각자가 명확하게 말할 수 있어야 한다. 단순히 '캐치볼을 한다'여서는 곤란하다. '나는 오늘 캐치볼을 할 때 포구에서 빠르게 송구로 전환하는 동작을 익히려고 한다.' 선수가 이렇게 말할 수 있도록 하는 게 연습의 질을 높이려는 이상적인 모습이다. 말하는 내용이나 수준은 선수마다 차이가 있어도 상관없다. 오히려 차이가 있는 게 당연하다. 이렇게 분명한 목적 의식을 가지고 연습을 하는 선수들이 하나씩 늘어나면 주변에 긍정적인 영향을 미쳐서 팀은 더욱더 성장하게 된다.

팀을 위해 어떻게 공헌할 수 있을까

나는 게이오기주쿠대학교에 진학한 후에는 야구부에 들어가지 않고 우에다 선생님 밑에서 학생 코치로 4년 동안 고등학교 후배들을 지도했다. 코치를 해보니 선수로 뛰던 때와는 야구를 보는 관점과 사고 방식이 180도 달라지는 것을 느꼈다. 선수였을 때는 아무래도 팀보다 나 자신을 먼저 생각했다. 그러다가 코치의 자리에 있어 보니 팀 전체를 좋은 방향으로 이끌기 위해 무엇을 해야 할지, 선수 하나하나를 어떻게 성장시켜야 할지에 대해 더욱 높은 시각에서 바라보게 되었다.

'코치로서 나는 무엇을 할 수 있을까?'

날마다 나는 이 질문을 던지고 생각할 수밖에 없었다. 솔직히 선수로 뛸 때보다 야구가 더욱 재미있었다.

선수를 지도하는 방법은 수없이 많다. 코치가 되면 알고 있는 내용이라도 더욱 깊이 이해한 다음 선수에게 말해야 한다. 알고 있는 것을 전부 말해도 제대로 전달되지 않을 수 있다. 또한 말만 해서는 안 되는 경우도 있다. 알려주기 좋은 타이밍을 엿보기도 해야 한다. 선수를 지도하는 일은 이토록 여러 측면에서 매우 어렵지만 한편으로는 아주 재미있다고 느꼈다.

내가 선수들을 지도하는 일에 재미를 느낀 데에는 우에다 선생님께서 연습 방법이나 선수 분류를 비롯해 많은 일을 맡겨주신 게 컸다. 우에다 선생님은 학생 코치인 나에게 그저 펑고를 치거나 초시계를 누르는 일만 시킨 것이 아니라 연습의 상당 부분을 나의 재량에 맡겨주셨다. 그런 역할이 어렵기는 했지만, 어려운 만큼 보람이 있고 재미있었다. 많은 시행착오를 하며 배운 4년이었다.

특히 내가 대학교 4학년일 때 고3 선수들이 기억에 크게 남아 있다. 자신과 팀 전체를 객관적으로 볼 수 있는 '어른'같은 선수가 많았다. 체격이나 기술이 아주 뛰어난 수준은 아니었지만, 봄과 여름의 지역 대회에서 두 번 모두 준우승하는 뛰어난 성적을 남겼다.

다테야마시에서 합숙훈련을 할 때였다. 포수가 적은 팀의 사정이 있어서 내야수 한 명을 포수로 바꾸려고 대화를 시도한 적이 있다. 해당 선수는 역시나 내켜하지 않았다. 시간을 두고 나의 생각과 선수가 바라는 것, 팀의 사정을 주제 삼아 충분히 이야기를 나누었고, 선수는 '팀을 위해서' 나의 제안을 이해하고 받아들였다. 그가 정말로 내야수를 하고 싶었다는 마음은 나도 충분히 알고 있었다. 그래서 그의 선택에 나도 가슴이 아팠다. 자신이 원하는 포지션을 포기하고 팀의 두 번째 포수가 되기로 한 그의 결단 덕분에 팀 전체의 토대가 탄탄하게 마련되었고 이후에 팀의 상황은 급속도로 좋아졌다. 지금도 나는 그에게 고마운 마음을 가지고 있고 그때의 결단에 경의를 보낸다.

팀은 경기에서 눈부신 활약을 하는 선수뿐만 아니라 눈에 잘 띄지 않지만 묵묵히 노력하며 연습에 성실히 참여하는 선수들이 뒷받침해 주어야 존재할 수 있다. 우리 야구부는 고시엔에 단골로 나가는 사립 학교처럼 뛰어난 소질을 가진 선수가 해마다 많이 들어오지는 않는다. 그렇기 때문에 선수들은 자신이 하고 싶은 일뿐만 아니라 '자신이 팀을 위해 어떻게 공헌할 수 있을까' 하는 관점을 함께 지녀야 한다. 당시에 나는 코치로서 선수가 그런 관점을 품도록 지도하는 일에 흥미를 느꼈다.

야구를 하면 공부는 안 해도 된다는 생각

요즘 고교야구가 안고 있는 큰 문제는 선수들이 야구에 시간과 에너지를 지나치게 쏟아붓는 경향이 있다는 점이다. 수업이나 시험을 비롯해 공부를 소홀히 하는 선수들이 많다. 반 친구들과 같이 보낼 시간도 없이 오로지 야구에만 열중한다. 이러면 미래에 할 수 있는 선택의 폭이 제한되며 야구를 그만둬야 할 상황이 왔을 때 사회에서 낙오되는 이도 나오게 된다. 나는 이 문제가 참으로 걱정스럽다. 지도자를 포함해 고교야구계 전체가 머리를 맞대고 해결해야 할 문제라고 생각한다.

나는 공부와 야구에 대해 선수들에게 이야기할 때 "시소처럼 보면 안 된다"고 말한다. 둘 중의 하나를 선택하면 다른 하나는 포기해야 한다는 사고 방식을 경계하라는 의미다. 공부와 야구뿐만 아니라 개인과 전체, 공격과 수비 모두에 해당하는 개념이라고 할 수 있다. 개인 연습을 한다고 해서 전체 연습이 소홀해질 이유는 없다.

나는 양자택일이 아니라 X축과 Y축의 관점으로 이 문제를 바라보라고 이야기한다. X축과 Y축이란 수학에서 배우는 함수 그래프다. 어느 한 쪽(X)을 열심히 하면 그에 비례해 또 다른 한 축(Y)도 커진다. 어느 하나를 선택하고 다른 하나를 포기하는 것이 아닌 '같이' 한다는 의미를 품고 있다. 야구와 공부를 함께 해나가는 것은 나의 철학이자 게이오기주쿠고등학교 야구부의 철학이기도 하다. 나는 선수들이 '야구를 하니까 공부는 못해도 어쩔 수 없어'라는 생각은 절대로 하지 않도록 한다. 공부와 야구 모두 최선을 다하는 선수들이 실제로 많다.

션수 스스로 답을 찾도록 이끄는 코칭

코칭의 핵심은 질문

요즘 스포츠 현장에서는 티칭과 코칭의 차이에 대해 많은 이야기가 오가고 있다. 나는 쓰쿠바대학교 대학원에 있는 스포츠코칭 연구실에서 코치란 어떤 존재이고 무엇을 해야 하는지 늘 고민하며 하루하루를 보냈다. 내가 생각하는 코칭의 핵심은 '질문하기'다.

이를 테면 "이렇게 해야 번트를 잘 댈 수가 있어"라고 말해주는 대신 "어떻게 하면 번트를 할 때 공에 제대로 맞출 수 있다고 생각해?"라고 질문을 한다. 질문을 받고 선수는 자기 나름의 답을 끄집어 낸다. 이렇게 서로 대화를 하면서 답을 향해 다가간다. 선수 스스로 알아차리게 하거나 노력을 발휘하도록 이끈다. 이런 쌍방향 의사소통으로 이루어지는 작업이 바로 코칭이다. 지도자가 답을 알려주는 게 아니다.

반면 티칭은 "이게 답이니까 이렇게 해!" 하고 답을 알려주는 방식이다. 물론 이 방식으로도 선수는 발전할 수 있다. 하지만 성장하는 폭에 한계가 있다. 그에 비해 좋은 코칭은 선수 스스로 생각해서 답을 찾는 습관을 몸에 배게 해서 더 크게 성장할 수 있는 토대를 만든다.

2018년 봄 고시엔에서 히코네히가시고등학교를 상대로 역전 홈런을 맞고 진 적이 있다. 2대1로 이기고 있는 상황에서 맞이한 8회 초. 투아웃을 잡았지만 1,3루 위기에 몰렸다. 에이스 이쿠이와 2학년 포수 요시나미 배터리는 2-2 카운트에서 몸쪽 패스트볼을 던져 역전 홈런을 맞았다. 왼손 투수 이쿠이는 우타자 몸쪽을 파고드는 패스트볼에 자신이 있었다. 홈런을 맞기 직전에 그 공을 던져서 파울이 되었고, 파울을 친 타자의 반응을 본 포수 요시나미는 한번 더 같은 공을 던지면 맞을 것 같다는 느낌이 들었다고 한다. 그래서 체인지업 사인을 냈지만 우타자를 상대로 몸쪽 패스트볼에 자신이 있던 이쿠이는 고개를 가로저었다. 결국 같은 공을 던져 외야 담장 밖으로 넘어가는 역전 홈런을 맞고 말았다.

요시나미는 한번 더 체인지업 사인을 내든지 아니면 타임을 부르고 마운드로 가서 "방금 파울 타구를 보니 타이밍이 맞는 것 같아요. 체인지업으로 가죠." 이렇게 전달했어야 한다고 말했다. 이쿠이는 자신 있는 공이고 공 하나로 끝낼 수 있는 상황이라 포수의 뜻에 따르지 않고 자기 마음대로 던진 탓에 맞았다고 자책을 했다.

'이런 상황이 또 오면 어떻게 하는 게 좋을까?'

두 선수는 이런 질문을 놓고 많은 이야기를 나누었다. 포수에게는 여러 선택지가 있다. 던지게 하고 싶은 공을 끈질기게 요구한다. 타임을 부르고 마운드에 올라가 이야기를 나눈다. 타임을 부르고 감독에게 의견을 물어본다. 어떤 방법을 선택해도 된다. 투수는 자신이 던지고 싶은 공으로 승부하고 싶은 욕구는 이해하지만 어떤 상황에서는 포수를 믿어야 한다는 교훈을 얻을 수 있다. 더 좋은 공을 던질 수 있도록 힘을 길러야 한다는 다짐을 끌어낼 수도 있다. 답이 하나만 있는 게 아니다. 그렇기 때문에 "그때 어떻게 하는 게 좋았을까?" 하고 물으면서 하는 코칭이 큰 의미가 있다.

"이렇게 하면 막을 수 있어." 이런 식으로 내가 먼저 절대로 말하지 않는다. 선수들 스스로 "이 부분을 보강하자." 이렇게 고민하면서 앞으로 나아가는 모습을 지켜볼 뿐이다. 이쿠이와 요시나미와도 함께 대화를 나누면서 다음 고시엔을 준비했다.

지금의 학교는 답이 하나만 있는 교육이 되기 쉽다. 하지만 방금 예를 든 상황처럼 인생에서 답이 하나만 있는 경우는 거의 없다. 그렇기 때문에 철저하게 스스로 생각하고 서로 의견을 내서 다음을 준비하는 작업이 중요하다. 자신의 생각을 이야기할 때는 "돌려 말하지 않겠다. 나의 의견을 분명히 밝히겠다." 이런 태도가 필요하다.

이렇게 실패로부터 배우고 자기 나름의 방법을 이끌어 내는 것이 게이오기주쿠의 방식이다. 어떤 선택을 해도 상관없다. 나도 무엇이 정답인지 모른다. 그저 같은 실수를 되풀이하고 싶지 않다는 마음으로 하는 작업이다. 그러한 과정을 통해 선수가 성장하는 모습을 지켜보는 게 감독인 나에게는 가장 즐거운 일이다. 그런 의미에서 고시엔에서 맛본 뼈아픈 실패는 오히려 성장을 위한 최고의 경험이자 재료가 되었다. 이어지는 여름 지역 대회의 결승전에서 우리는 타자의 파울 타구를 보고 체인지업을 던져서 막아내는 반전을 만들어 냈다.

타자들도 코치에게 먼저 다가와 "빠른 공을 치기 위해서 이렇게 하고 싶습니다." "불리한 카운트에서 타격을 하는 연습을 하면 어떨까요?" 이런 식으로 먼저 제안을 해주기도 했다. 그런 대화 속에서 팀이 하나가 되는 과정이 무척 즐거웠다.

선수의 발전을 위해 가장 열심히 노력하는 쪽은 당연히 내가 아니라 선수 자신이다. 지도자가 던져주는 힌트나 어떤 말을 해주어야 하는지에 대한 판단은 물론 중요하지만,

가장 자신의 발전에 목마른 사람은 선수 자신이라는 점을 잊어서는 안된다.

고등학생이라도 책임과 권한을 주면 선수들은 정말 잘 해낸다. 결국 마지막에는 감독이 모두 결정하는 구조를 만들면 선수는 시간이 지나도 자립하지 못하고 감독에게 의지하는 팀이 되어버린다.

"마지막은 너희 각자가 승부하는 거야. 그러니까 너희들이 생각한 대로 해도 돼. 책임은 내가 진다."

이런 메시지만 전달해도 선수들의 심장이 고동치는 수준이 달라진다. 나 역시 구체적으로 여러 주문을 할 때도 있다. 하지만 마지막에는 항상 "너희들이 생각한 대로 해!"라고 말해준다.

운동자각도와 퍼포먼스의 관계

지도자가 되기로 결심을 하고 나는 쓰쿠바대학교 대학원에 입학해 코칭을 배우기 시작했다. 나는 무라키 교수님의 코칭론 연구실에 소속되어 코칭학을 전공했다. 코칭론 연구실은 어떤 스포츠에도 보편적으로 통하는 코칭법을 연구한다.

연구실에서 나는 운동자각도 [1]와 퍼포먼스의 관계에 대해 연구를 한 적이 있다. 운동자각도란 힘을 쓰는 강도를 의미한다. 피칭이나 스윙을 할 때 얼마만큼의 힘으로 움직였는지를 숫자로 표시한다. 쉽게 말해 온 힘을 다 써서 전력 투구나 풀스윙을 했다면 운동자각도가 100%다.

나는 운동자각도 100%로 전력 투구를 하면 스피드는 어느 정도 나오는지, 컨트롤은 어느 정도 유지할 수 있는지를 연구 대상으로 삼았다. 연구 결과 흥미로운 사실을 발견했다. 운동자각도 80%로 던졌을 때 구속은 전력 투구시의 80% 정도가 될 줄 알았지만 테스트 결과 대체로 90% 전후의 수치가 나타났다. 이는 피칭뿐만 아니라 타격과 런닝도 마찬가지였다. 최대 강도의 80% 수준의 운동자각도로 움직이면 대략 90% 정도의 결과가 나오는 패턴을 관찰했다.

전력으로 플레이했을 때는 100%의 결과가 나오기도 했지만 오히려 불필요한 힘이 작용해 퍼포먼스가 다소 떨어지는 모습을 보였다. 런닝의 경우 100% 운동자각도에서는 100%의 스피드는 나오지 않았다. 오히려 95~97% 정도로 전력에서 조금 힘을 뺀 운동자각도에서 가장 빠른 스피드

---

1   운동자각도(RPE: Ratings of Perceived Exertion)는 신체 활동의 강도 수준을 측정한 값을 의미한다.

가 나타났다. 야구에서 피칭은 스피드뿐만 아니라 컨트롤도 매우 중요하다. 100%에 해당하는 스피드가 나와도 컨트롤이 제대로 이루어지지 않으면 아무런 의미가 없다. 스피드와 컨트롤을 최대로 이끌어내는 포인트가 어디인지를 나는 2년 동안 탐구를 했지만 명확한 결론을 내릴 수는 없었다. 그렇지만 선수를 지도하는 데 활용할 내용은 많이 얻었다. "100%로 던진다고 해서 좋은 결과가 나오는 것은 아니니까 조금만 힘을 빼고 던져봐." 물론 그 '조금'이 선수에게는 무척 어려운 일이다. 힘을 너무 빼면 일정 수준의 힘 있는 공을 던질 수가 없다. 나는 그 절묘한 포인트를 선수가 발견할 수 있도록 무슨 도움을 줄 수 있을지 방법을 계속 찾고 있다.

올바른 자기 평가가 올바른 노력으로 이어진다

팀의 승리와 선수 개인의 성장이라는 두 가지 목표를 함께 달성하기 위해서는 선수 각자가 자신에게 맞는 이상적인 모습을 그리고 있어야 한다. 또한 자기 자신의 현재 상태를 객관적으로 평가할 수 있어야 한다. 자기 평가는 참 어려운 일이다. 스스로를 너무 낮게 평가하는 선수도 있고, 지나치게 과대 평가하는 선수도 있다. 그런 선수들 한 명 한 명의 자기 평가를 바로잡는 작업은 무척 고된 일이지만 주변에서 하는 객관적인 평가와 스스로에 대한 평가가 너무나 동떨어져 있는 선수는 관심을 가지고 바로잡을 필요가 있다.

자신을 지나치게 낮게 평가하는 선수는 자신감이 없는 경우가 대부분이다. 이런 선수의 내면을 변화시키기 위해서는 작은 성공 경험을 많이 쌓아나가야 한다. 그런 선수가 타격 연습을 할 때 좋은 타구를 많이 날리거나 경기에서 좋은 플레이를 하면 나는 적극적으로 인정하고 칭찬해 준다. 그렇게 한 걸음씩 나아가는 과정 속에서 조금씩 자신감을 가지게 한다.

어쩌면 스스로를 낮게 평가하는 선수보다 과대 평가하는 선수가 상대하기 어려울지도 모른다. 이를테면 중학교 때 국가대표팀의 중심 타선에서 활약한 적이 있던 선수는 완전히 달라진 지금의 상황을 객관적으로 인식하지 못하고 주위에서 건네는 조언에도 귀를 기울이지 않기도 한다. 이런 선수에게는 타이밍을 보고 몇 번이고 냉철하게 말해준다. 여러 타이밍에 조금씩 관점을 바꿔가며 말해준다. "지금 이대로는 고교야구 수준에서는 통하지 않아." "지금 너의 주루 스피드는 고교야구에서는 그다지 빠른 편은 아니란다." 이런 톤으로 다소 강하게 말할 수밖에 없다. 어쩌면 선수 뜻대로 잘 되지 않을 때가 객관적인 자기 평가를 위한 기회다. 자신에 대한 평가를 제대로 하지 못하면 결국 사회에 나가서 고생을 하는 건 선수 자신이다. 자신의 현재 위치를 올바르게 인식할 수 있는 인간으로 이끌어주는 것도 지도자가 할 일이다.

나는 1년에 두 번 자기분석시트를 적게 한다. 자신의 장점과 단점, 즉 지금 무엇을 잘 하고 있고, 무엇이 잘 안 되고 있는지 등을 적고 그 내용을 바탕으로 개인 면담을 한다. 선수는 장점이라고 생각하지만 "미안하지만 장점이라고 할 정도는 아니야." 이렇게 솔직하게 말해줄 때도 있다. 반대로 단점이라고 적었지만 "어쩌면 그 부분을 잘 이용하면 오히려 장점이 될 수 있어."라고 조언하기도 한다.

연습을 하는 중에 막간을 이용해 말을 건네는 것도 효과가 있다. 잠시 휴식 중이거나 화장실에서 바로 옆에서 일을 볼 때 가볍게 질문을 던진다.

"요즘 발을 올리는 게 달라졌네?"

이런 질문을 던져서 대화를 하려면 평소에 선수를 자세히 관찰해야 한다. 자기분석시트도 꼼꼼히 읽어본다. 오랜 시간 이야기를 나눈다고 해서 좋은 대화가 되는 것은 아니다. 한 순간도 헛되이 보낼 수 없다는 마음가짐으로 자투리 시간들을 잘 활용하면 아주 의미 있는 대화를 할 수 있다.

지도자의 이런 관심과 도움을 통해 선수가 객관적으로 자신을 볼 수 있게 되면 그때 비로소 현실과 이상의 간격을 메우기 위한 질문과 마주할 수 있다.

"지금 무엇을 해야 하는가?"

스스로에 대한 평가를 모호하게 해버리면 아무리 시간이 흘러도 해야 할 일이 보이지 않는다. 올바른 자기 평가가 올바른 노력으로 이어진다. 고교 야구는 길어봐야 2년 반으로 시간이 매우 한정되어 있다. 초점이 또렷해야 짧은 기간 동안에 원하는 목표를 달성하기가 쉽다. 이것은 사회에 나가서도 마찬가지다. 모두가 열심히 한다. 똑같이 업무에 서툰 1년 차 사원이라도 자기 평가를 제대로 하면서 노력을 하는 사람이 원하는 모습에 다가갈 가능성이 높다. 선수가 올바른 자기 평가를 바탕으로 올바른 노력을 할 수 있도록 이끌어주는 것이 지도자의 역할 중 하나다.

선수의 인간적인 본질을 보려고 노력한다
좋은 팀, 강한 팀을 만들기 위해서는 선수의 개성과 본질을 잘 파악해서 지도를 하는 게 중요하다. 물론 말이 쉽지 실제로 쉬운 일은 아니다. 나는 초등학교에서 6년 동안 같은 학급의 담임을 계속 맡고 있는데, 6년이 지나도 학생에 대해 모르는 것이 많다. 한 사람의 본질을 꿰뚫어 보는 일은 그 정도로 어렵다. 이를테면, 교사 앞에서는 착하게 행동하는 학생이 교사가 없는 곳에서는 전혀 다른 모습을 보이는 경우가 적지 않다. 그런 면을 보면서 나는 인간은 단순하지 않으며 복잡한 생물이라는 생각을 바탕으로 학급의 어린이와 야구부 선수들을 대한다.

그래도 선수의 어떤 면을 중점적으로 보는지 한 가지만 들자면 안정된 태도와 집중력으로 연습과 경기에 참여하는지다. 감독이나 코치가 옆에서 지켜보는지에 따라 태도나 집중력에 차이가 나는 선수가 있다. 컨디션이 좋을 때와 나쁠 때에도 큰 차이를 보이는 선수가 있다. 물론 인간인 이상 몸의 상태나 생체 리듬 등이 항상 일정할 수는 없다. 그렇더라도 그런 조건에 따라 기복이 심한 선수는 경기에서 자신의 실력을 일정하게 발휘하기가 어려울 수밖에 없다.

어떤 상황이나 컨디션에서도 '아무리 못해도 이 정도는 할 수 있다'는 안정감이 있는지, 기복을 줄이기 위한 노력을 하는지를 관찰한다. 물론 감정이나 퍼포먼스의 기복이 심한 선수는 어쩌면 장래에 예술가나 연예인으로 능력을 발휘할 수 있을지도 모른다. 하지만 야구는 확률을 중요하게 여기는 스포츠이기 때문에 기복을 제대로 컨트롤하지 못하면 어려운 점이 많다.

또한 늘 편하게만 하려는 선수도 있다. 연습이 끝나고 공을 모으는 모습을 잘 관찰해 보면 자기 주변에 있는 공만 모으는 선수가 있는가 하면 먼 곳에 있는 공을 모으러 가는 선수도 있다. '누군가가 해야 한다면 내가 하는' 헌신적인 선수라고 할 수 있다. 그런 부분을 관찰하고 마음에 담아두었다가 어느 시점에 선수에게 말을 해준다. "얼마 전에 보니 가장 먼 곳에 있는 공을 주으러 가더구나." 만약 그 선수가 후보 선수라면 "보이지 않는 곳에서 그렇게 팀을 받쳐주고 있구나." 하고 덧붙여준다. 선수의 인간적인 본질을 들여다보는 작업은 분명히 어려운 일이다. 그래도 지도자는 할 수 있는 범위에서 선수를 주의 깊게 관찰하며 본질을 보려고 노력해야 한다.

경기에서 평정심을 유지하려면

경기를 하는 선수들의 모습을 지켜볼 때도 나는 정신적인 흔들림이 적고 안정된 상태로 플레이하는지를 중요하게 본다. 마음을 가다듬는 능력이다. 좋은 플레이를 했을 때는 기분이 한껏 고양되고, 약간의 실수에도 심하게 풀이 죽고, 실점을 하고 벤치로 들어오면 얼굴이 창백해지는 선수가 있다. 팀에도 부정적인 영향을 미치는 모습들이다. 특히 공식 경기에서 그런 모습이 잘 드러나기 때문에 더욱 유심히 선수의 모습을 관찰한다.

이를 위해 특별한 멘탈 트레이닝은 하지 않는다. 크게 보면 날마다 하는 연습이나 경기 모두가 멘탈 트레이닝을 위한 시간이라고 할 수 있다. 실책이 나오면 위축된 마음을 풀어주기 위한 말을 해주기도 한다.

> "실수를 만회하려고 하지 마라. 기죽을 필요도 없어. 다음은 다음이야. 하던 대로 하면 돼."

고교야구에서는 홈런을 맞은 투수가 낙담한 나머지 다음 타자도 볼넷으로 내보내고 연속 안타를 맞으며 대량 실점을 하는 모습이 종종 나온다. 비록 홈런을 맞아 힘이 빠지더라도 '겨우 한 점 준거야. 다음 타자를 잡으면 문제없어.' 이렇게 생각할 수 있는 마음이 중요하다. '꼭 막아야 돼' 하면서 몸에 힘이 잔뜩 들어가서도 안 된다. 이러한 감정의 출렁거림, 요동치는 마음을 잔잔하게 해주어 본래의 실력을 발휘하도록 도와주는 것이야말로 지도자가 할 일이다. 침울해하고 있는 선수가 있거나 팀 전체가 가라앉아 있을 때 그런 분위기를 밝게 해 주는 선수가 있으면 큰 도움이 된다. 그렇게 분위기 메이커 역할을 하는 선수는 대회에서 벤치에 들어갈 자격이 충분하다.

공 하나하나를 평정심으로 대할 수 있느냐에 따라 승부가 갈린다. 하지만 고등학생이 그런 평정심을 늘 유지하는 것은 어려운 일이다. 실수가 연달아 나오며 팀이 무너지는 경우가 고시엔에서는 흔하게 나온다. 야구는 공 하나를 던질 때마다 15초 정도 걸리는데 그 사이에 부정적인 생각에 빠지기 쉽다. 이 15초를 잘 이용해 마음을 가다듬고 다시 평정심으로 돌아가는 것이 중요하다. 잘하려는 마음이 앞서도 몸에 쓸데없이 힘만 잔뜩 들어간다. 어떻게 하면 '평소대로' 할 수 있는지에 따라 승부가 갈린다. 게이오기주쿠고등학교 야구부는 선수들의 기술과 소질, 야구를 하는 환경으로는 최고가 되기 어려운 게 현실이기 때문에 한 번이라도 더 이기기 위해서 항상 침착한 정신 상태를 유지하려고 노력한다.

선수가 위기 상황에서 평정심을 유지하도록 하려면 평소에 선수를 어른으로 대해야 한다. 평소에는 늘 어린 아이처럼 대하다가 위기가 닥칠 때만 "침착해." "너희들 스스로 냉정하게 판단해." 이런 주문을 하면 통할 리가 없다. 매일 마주하는 상황 속에서 선수들을 존중하면서 각자가 자신의 생각을 명확히 하는 훈련을 하는 게 그래서 중요하다. 경기에서 어려운 상황을 극복하는데도 도움이 될 뿐만 아니라 장기적으로 볼 때 사회에 나가서도 큰 도움이 된다.

야구를 즐기는 팀이 경기를 하는 방법

'적절한' 긴장감을 불어넣는 지도자의 말

나는 선수가 너무 들뜬 상태에서 경기를 하지 않도록 경기 전에 선수에게 건네는 말이나 말투에 신경을 쓴다. 야구는 공과 배트와 같은 도구를 정밀하게 사용하는 능력이 요구되는 종목이다. 너무 흥분한 상태로 경기를 하면 정밀함이 떨어지게 된다. 상대팀을 얕잡아보고 느슨해져서도 안 된다. 상대팀과의 전력 차이를 비교해서 선수들이 지나치게 긴장하거나 너무 느슨해지지 않도록 어떤 말을 해야 할지를 고민한다. 팀에 '적절한' 긴장감을 불어넣으려면 지도자는 말을 잘 선택해야 한다.

봄과 여름에 연속으로 고시엔 대회에 나갔던 2018년 여름, 지역 대회 준결승 상대는 강력한 우승 후보 도카이다이사가미고등학교였다.

"관객이 가득 찬 구장에서 경기할 수 있어서 행복하지?"

좋든 싫든 긴장감이 높아질 수밖에 없는 경기였다. 나는 선수들의 마음을 조금이라도 편안하게 해주고 싶었다. 상대가 강력한 우승 후보였기 때문에 많은 선수들이 '과연 이길 수 있을까?' 하는 불안한 마음을 가지고 있었다. 나는 상대의 약점을 몇 가지 알려주면서 그 점을 파고들면 충분히 이길 수 있다는 말도 덧붙였다.

그리고 토너먼트 대회에서는 강팀하고만 붙는 것은 아니다. 이번 경기보다 다음 경기의 상대가 더 강팀이면 선수들의 마음이 지금 이 경기가 아니라 다음 경기로 가버리는 경우도 있다. 그런 경기는 일부러 정예 멤버로 짜지 않기도 한다. 적절한 긴장감을 유지하기 어려운 상황이다. "에이스를 아끼는 경기다. 하지만 오늘 지면 끝인 거 알지? 눈앞에 있는 경기에 집중하자." 하면서 일부러 목소리를 높인다. 경기 전날 상대팀의 경기 영상을 보여주면서 "1회부터 전력을 다하지 않으면 힘든 경기가 될 거야." 하고 긴장감을 불어넣는다.

경기를 하기에 딱 좋은 긴장감을 정확한 숫자로 나타낼 수는 없다. 너무 긴장해서도 안 되지만 반대로 너무 느슨해져도 곤란하다. 야구뿐만 아니라 모든 스포츠는 적절한 긴장 상태에서 가장 좋은 퍼포먼스가 나온다. 선수가 어느 정도 긴장하고 있는지를 잘 파악해서 어떤 말을 해야 할지, 또는 아무 말도 하지 말아야 할지 등을 잘 판단해야 한다.

　지도자라면 선수들에게 적절한 긴장감을 불어넣을 수 있는 여러 방법을 준비하고 있어야 한다. 어쩌면 그러한 방법을 얼마나 가지고 있는지가 지도자로서의 능력이라고 할 수 있다. 자신이 선수 시절에 듣고 한 일을 그대로 반복하는 사람은 경험자이지 지도자가 아니다. 좋은 지도자란 여러 방법들을 준비해서 상황에 따라 오늘은 이렇게 하고 내일은 저렇게 할 수 있는 사람이 아닐까 생각한다. 나 역시 다양한 방법들을 실천할 수 있도록 더 많이 공부해야 한다고 느낀다.

　감독을 하다 보면 이래저래 하고 싶은 말들이 입 밖으로 튀어나오려고 할 때가 많다. 하고 싶은 말을 다 하면 속은 후련하지만 그 말을 듣는 선수는 아무것도 남는 게 없는 경우가 많다. 사회에서도 마찬가지다. 상사가 "네가 부족한 부분은 이거야." 하면서 다섯 가지 문제에 대해 줄줄이 설교를 해도 듣는 부하 직원의 마음 속에는 '언제 끝나지?' '이제 겨우 끝났네.' 하는 생각이 올라올 뿐이다. 상사든 지도자든 시간, 장소, 상황에 따라서 해야 할 말을 조심해서 선택해야 한다.

　경기 전에 건네는 말뿐만 아니라 연습도 마찬가지다.

'연습을 시작하기 전에 어떤 말을 해줄까?' 이런 질문을 스스로에게 던지면 하고 싶은 말들이 많이 떠오른다. 떠오른 생각들을 다 말하려면 30분은 걸릴 것 같다. 하지만 미팅을 30분이나 하면 선수들 귀에 들어가지 않으니까 고르고 골라서 한두 가지만 전달한다. 할 말을 정하지 않은 채로 말하기 시작해서 나의 생각을 제대로 전달하지 못한 적이 몇 번이나 있다.

선수의 이야기를 먼저 들을 때 일어나는 변화

경기가 끝나고 어떤 말을 해야 할 지도 정말 어려운 문제다. 승패 여부와 경기의 내용에 따라, 그리고 다음 경기가 언제 있는지에 따라서 하는 말이 크게 달라진다. 다만 한 가지 분명한 것은 경기의 결과가 어떻든 간에 다음 경기에 활용할 부분에 초점을 맞춰야 한다는 점이다. 만약 경기에서 이겼다면 좋았던 플레이들과 반성할 부분을 말해준다. 경기에서 진 경우에는 조금 더 신경을 쓴다. 그냥 "잘했어!" 하고 마칠 때가 있는가 하면, "지금 00가 안 되고 있으니 내일부터 연습하자." 이렇게 구체적으로 말할 때도 있다. 이것은 결국 지도자의 감각에 좌우되는 부분이 많다고 생각한다. 여러 방식으로 말할 수 있지만 반드시 마음에 두고 있어야 하는 포인트는 이것이다.

'오늘 경기에서 경험한 것을 다음에 어떻게 활용할 것
인가?'

학생 선수들은 경기마다 귀한 경험을 한다. 특히 공식
경기는 이기든 지든 연습 경기와는 비교가 안 될 정도의 큰
경험을 하게 된다. 그 경험을 당연히 앞으로를 위해 활용해
야 한다.

우리는 2018년 봄 고시엔의 첫 경기에서 하코네히가시
고등학교에 역전패를 당했다. 경기가 끝나고 나는 어떤 말
도 곧바로 하지 못했다. 고시엔은 분 단위로 일정이 정해져
있기 때문에 경기가 끝나면 바로 버스를 타야 한다. 기자들
의 취재가 끝나고 스트레칭을 하고 난 다음에 바로 버스를
타고 출발해야 하는 일정이다. 그러다 보니 모두가 모여 이
야기할 시간이 없었다.

숙소로 돌아와 점심 식사를 위해 식당으로 갔는데 다들
말없이 식사만 하고 있었다. 어느 누구의 목소리도 들리지
않았고 단지 젓가락과 그릇이 부딪히는 소리만 들릴 뿐이
었다. 고시엔에서 지는 강렬한 기분을 제대로 실감했다. 이
런 분위기에서는 어떤 말을 해도 귀에 들어가지 않을 거라
고 생각했다. 미팅은 저녁을 먹고 난 다음에 할 거라고 알
려주고 오후에는 자유 시간을 주었다.

저녁을 먹을 때쯤 되니 선수들 모두 평소의 모습을 되찾아 가는 듯 보였다. 분하고 속상한 마음이 조금씩 누그러지는 것을 느꼈다. 저녁을 먹고 나서 경기에 참여한 선수 18명의 이야기를 모두 돌아가며 들었다. 내가 먼저 말을 너무 많이 하면 일방적으로 미팅의 방향을 정하게 될 것 같아서 먼저 선수 한 명 한 명의 마음이 어떤지 듣고싶었다.

이야기를 다 듣고 나니 선수들 상당수가 자신감을 가지고 경기를 하지 못했다는 사실을 알게 되었다. 자신이 없었다는 게 이야기를 하면서 은연중에 드러났다. 고시엔이라는 큰 무대에서 우리들의 실력이 통할지에 대해 불안감을 가진 채로 경기에 들어섰다는 점을 알게 되었다. 너무 긴장해서 머릿속이 하얀 상태까지는 아니었지만 플레이를 하는데 자기 자신을 완전히 믿지 못했다고 토로하는 선수들이 아주 많았다. '고등학생이 고시엔과 같은 큰 무대에서 진검승부를 펼친다는 것은 그 정도로 어려운 일이구나' 하고 나역시 뼈저리게 느꼈다. 선수들의 이야기를 모두 듣고 나는 이렇게 말했다.

"또 여기에 와서 이기자."

지금의 분한 마음을 풀기 위해 우리가 무엇을 해야 하는

지를 생각하자고 말했다. 다음 지역 대회 결승이나 여름 고시엔 무대에서는 오늘과는 다르게 자신감 넘치게 경기를 할 수 있도록 플레이의 완성도를 높이자고 이야기했다. 오히려 해야 할 일이 명확해진 느낌이었다. 선수마다의 구체적인 과제는 그 후에 찾아나갔지만 팀의 목표는 그 시점에서 명확해졌다.

그날 이후로 날마다 하는 연습에도 차이가 나타났다. 진정한 의미의 자신감을 키우기 위해서는 그저 연습을 하는 게 아니라 '좋은 연습'을 해야 한다고 나는 생각했다. '날마다 좋은 연습을 하는 것 말고 다른 방법은 없다.' 나는 그런 생각을 선수들에게 이야기했고 선수들 역시 나의 생각을 잘 이해하고 실천해 주었다.

그렇다면 '좋은 연습'이란 무엇일까? 연습을 스스로 납득할 수 있을 때까지 하는 것이다. 경기에서의 자신감은 자신이 할 수 있는 일을 적당한 수준에서 그만두지 않고 충분히 끝까지 했는지에 따라 달라진다. '정말 내가 할 수 있는 건 다 했다'는 생각이 들 정도의 연습을 매일 반복해 나가면 타석이나 마운드에 당당하게 설 수 있다.

실제 여름 고시엔 지역 대회의 승부처였던 8강전과 결승전에서 우리팀은 정말로 당당하게 경기를 풀어나갔다. 자신이 없어서 안절부절하는 모습은 전혀 볼 수 없었다. 선수 하나하나가 멋진 야구를 보여주며 봄여름 고시엔 연속 진출이라는 목표를 달성할 수 있었다. 주눅들지 않고 자신감 넘치는 경기를 했기 때문에 설령 경기를 졌더라도 선수들 모두 납득하며 크게 실망하지 않았을 거라 생각한다. 돌이켜 보면 이렇게 자신감을 쌓아간 일련의 스토리는 봄 고시엔에서 진 날의 저녁 미팅에서 시작된 것이 아닌가 생각한다. 팀의 분위기를 잘 파악하고 선수의 이야기를 먼저 듣는 것이 중요하다는 사실을 체감한 사례였다.

경기마다의 테마를 공유한다

그 해 여름은 경기마다 사자성어를 테마로 정했던 기억이 있다. 지역 대회 첫 경기를 가나가와현에서 강팀으로 꼽히는 니치다이고등학교와 붙게 된 것이 동기가 되었다. 6월 초에 대회에 나갈 선수들이 정해졌다. 선수로 뛰지 못하는 3학년은 팀을 지원하는 일을 맡고, 1,2학년은 여러 팀을 뒷받침하는 업무와 관중석에서의 응원을 맡으며 각자의 역할 분담이 이루어졌다. "각자 맡은 일에 최선을 다해서 고시엔에 가자. 고시엔에 가서 우리 모두 승리를 맛보자"는 뜻을 선수들에게 전달했다. 그런 뜻을 팀원 모두가 각자의 자리에서 행동으로 보여주자는 의미로 지역 대회 첫 경기 상대인 니치다이고등학교와의 경기 테마를 '의사통일'로 정하고 화이트보드에 적었다.

나의 느낌이지만 그런 이야기에 선수들의 반응이 좋았던 것 같다. 사전에 의도한 말이 아니라 문득 떠오른 아이디어라서 더 좋았던 것 아닌가 싶기도 하다. 이후로 경기 때마다 우리의 뜻을 사자성어로 짧게 전달했다.

다음 이쿠타고등학교와의 경기는 '일기가성(一気呵成)[2]'으로 정했다. 네 번째 상대였던 하다노소고고등학교와의 경기는 '태연자약(泰然自若)[3]'이었다. 준준결승 토인학원고등학교와의 경기는 '백전연마(百戦錬磨)[4]'였고 준결승에서 만난 도카이다이사가미고등학교를 상대로는 '불요불굴(不撓不屈)[5]'을 테마로 정했다. 결승전인 도코학원고등학교와의 경기는 '초지관철(初志貫徹)[6]'이었다.

고시엔에 진출해서도 우리는 각각의 경기가 가지는 의미, 선수들이 지녀야 할 자세와 마음가짐을 반영해 계속 경기 테마를 정했다. 첫 번째 상대인 나카코시고등학교와의 경기는 '권토중래(捲土重来)[7]'였고, 두 번째 상대인 고치상업

2   일을 단숨에 몰아쳐 해냄
3   마음에 어떠한 충동을 받아도 움직임이 없이 천연스러움
4   수많은 싸움으로 단련됨.
5   한번 먹은 마음이 흔들리거나 굽힘이 없음.
6   최초에 정한 뜻을 밀고 나아가 목적을 이룸.
7   한 번 실패하였으나 힘을 회복하여 다시 쳐들어옴.

고등학교와의 경기는 '신속과단(迅速果斷)[8]'이었다.

긴장감을 유지하지 못해 패배한 기억

여름 고시엔에서 우리는 두 번째 경기에서 고치상업고등학교에 지고 말았다. 봄 고시엔에서 질 때와는 정반대의 기분으로 경기를 한 게 패인이었다. 첫 경기를 이기면서 우리는 '고시엔에 다시 와서 이기자'는 목표를 달성했다. 그러다 보니 긴장이 풀린 정도까지는 아니었지만 '다음 경기도 어떻게든 되겠지' 하는 생각이 선수들 마음 속에 슬그머니 자리를 잡았던 것이 사실이다. 나 역시도 그랬다.

게다가 첫 경기를 대회 첫 날에 하고 일주일 지나 두 번째 경기를 하게 된 영향도 컸다. 지역 대회를 하며 그때까지 쌓인 피로도 있었고 35도가 넘는 더위가 계속 이어지고 있어서 강도 높은 연습을 하지 못했다. 처음 이틀은 수비와 타격 연습만 가볍게 하고 나머지 사흘 동안 연습의 강도를 조금씩 높이려고 했는데 뜻대로 잘 되지 않았다. '일단 첫 경기는 이겼으니까 어떻게든 되겠지' 하는 나의 마음 속 생각이 선수들에게도 전해진 것이 아닐까 싶다. 이제 와서 돌이킬 수는 없지만 상대팀의 경기 영상도 함께 보면서 도전

---

8   딱 잘라서 빠르게 결정함.

하는 자세로 경기에 임하도록 준비를 했어야 했다.

한 번 이겼다고 해서 승리의 기쁨에 취해 있지 말고 다음 경기에 초점을 맞춰 바로 정신적인 모드를 바꿔야 한다. 고시엔처럼 대회 기간이 길면 긴장감을 계속 높게 유지하기는 어렵다. 일단 긴장의 수준을 낮춘 다음에 다시 끌어올려야 한다. 고치상업고등학교와 경기를 하기 전에는 그 부분을 잘 준비하지 못했다.

여름 고시엔은 학교마다 연습을 두 시간 동안 할 수 있다. 아무래도 타격 연습을 주로 하게 된다. 특히 우리는 첫 경기에서 공격이 부진했기 때문에 타격 연습에 시간을 많이 들였다. 하지만 정작 우리는 타격이 아니라 실책과 주루 미스를 반복하며 지고 말았다. 일주일 동안 연습을 하지 못했던 것들이 고스란히 경기에서 안 좋은 방향으로 드러나 버렸다. 하지만 이 역시 직접 경험을 했기 때문에 비로소 배운 부분이기도 하다. 다시 고시엔에 오게 된다면 그때의 반성을 잊지 않고 반드시 보완하려고 한다.

그때의 뼈아픈 경험을 통해 나는 팀은 살아 움직이는 생물이라는 사실을 크게 깨달았다. 같은 선수라도 어제의 연습과 오늘의 연습이 완전히 다른 모습을 보여주기도 한다. 한 사람 한 사람이 인간이라는 의미로도 생물이지만, 팀은 하나로 합쳐진 명확한 형태가 아니라는 점에서도 생물이다. 특히 고교야구팀은 날마다 팀의 형태가 바뀐다. 그런 변화를 꿰뚫어 보는 능력도 지도자에게 요구되는 자질 중 하나라는 점을 깨달은 귀한 경험이었다.

주체성 있는
연습을 하려면

다음 날의 연습 계획을 짜는 소중한 시간

연습 계획을 매일 짜면서 가장 고심하는 부분은 100여 명의 선수들이 누구 하나라도 멍하니 서있는 일 없이 안전하고 효율적으로 연습할 수 있는 방법을 찾는 것이다. 주전 선수들만 집중적으로 연습을 하고 나머지 선수는 공을 모으는 일만 하는 상황을 만들어서는 안 된다. 그런 상황을 피하기 위해 우리는 그룹으로 나누어서 연습을 진행한다.

예를 들어 A그룹이 한 시간 반 동안 웨이트 트레이닝을 할 때 B그룹은 그라운드 연습을 한다. 그라운드도 여러 개의 작은 공간으로 나누어 활용한다. 내야와 외야, 그리고 홈플레이트 뒤쪽 공간에서는 티배팅을 하고, 불펜에서는 피칭 연습을 한다. 비는 시간이나 장소를 찾아내 기초 연습을 한다. 어디 한 군데 비는 곳 없이 모든 공간을 활용할 수 있는 방법을 고민한다.

경기가 다가올 수록 공격하는 쪽 9명과 수비하는 쪽 9명, 합쳐서 18명이 그라운드 전체를 차지하는 상황도 생긴다. 이때 나머지 선수들은 여러 그룹으로 나누어서 웨이트 트레이닝과 티배팅을 번갈아 진행한다. 때로는 그라운드의 연습을 보며 배우는 시간으로 쓰기도 한다.

이렇게 연습 계획을 촘촘히 짜는 일이 나의 중요한 일과 중 하나다. 하루의 연습이 끝나면 감독실에 와서 이리저리 머리를 굴리면서 다음 날의 연습 프로그램을 작성한다.

'이 시간에는 수비 연습을 하면 어떨까?'
'투수가 이 연습을 할 때는 외야에 다른 연습을 넣어야 겠네.'

이렇게 여러 방법을 고민하며 몰두하다 보면 두 시간이 훌쩍 지나가 있는 경우도 많다. 나에게는 다음 날의 연습을 준비하며 보내는 이 시간이 매우 소중하다. 연습 계획을 짜면서 선수 한 명 한 명의 상태와 팀 전체의 상황을 깊이 생각할 수 있기 때문이다. 그만큼 집으로 가는 시간이 늦어지고 초등학교 교사도 함께 하는데 힘들지 않냐고 주변에서 걱정하기도 하지만 나는 한 번도 힘들다고 느낀 적이 없다.

오히려 선수와 팀에 대해 깊이 생각하다 보면 감독으로서
복받은 사람이라는 생각이 든다.

확성기를 사용하는 이유

지금부터는 구체적인 연습을 예로 들면서 게이오기주쿠
고등학교 야구부가 내걸고 있는 '엔조이 베이스볼'의 핵심
내용에 대해서 이야기하고자 한다. 먼저 PFP[9] 연습을 예
로 들어 보자. 아직 여러 면에서 미숙한 고등학교 투수들은
PFP 연습을 할 때 종종 실책이나 판단 미스를 한다. 실수
자체는 큰 문제가 아니다. 선수가 어떤 생각과 판단으로 그
런 플레이를 했는지가 중요하다. 나는 실수를 한 선수에게
어떤 의도로 선택했는지를 묻는다.

"지금은 왜 2루로 던졌어?"

선수가 나름대로 근거를 가지고 선택했는지를 체크한
다. 좋은 송구를 했는지, 아웃이 되었는지 하는 결과만 보
는 게 아니라 어떤 의도로 그런 플레이를 선택했는지를 중
요하게 여긴다. 설령 아웃이 되었다고 해도 더 좋은 선택지

---

9   Pitchers' Fielding Practice: 투수가 하는 땅볼 처리 연습을 의미한다.

가 있었을지도 모른다. 그 부분을 선수 본인이 알아차리는 게 중요하다. 눈앞에 펼쳐진 결과를 보고 "나이스 플레이!" "그건 아니지!" 이렇게 말만 하는 건 누구라도 할 수 있다. 그건 팀 전체를 책임지고 있는 감독이 할 일이 아니다.

판단 미스였는지, 단순히 던지는 힘이 부족해 정확성이 떨어졌는지 등등 당사자인 선수가 실수를 한 이유를 깊이 들여다보고 그 이유를 알아차렸다면 연습에서의 실수는 경기에서 같은 상황에 맞닥뜨렸을 때를 위한 좋은 교재가 된다. 그저 "똑바로 해!" 하면서 혼을 내고, 선수도 아무 생각 없이 "네!" 하고 큰 소리로 답만 해서는 같은 실수를 반복할 뿐이다. 실수는 되돌릴 수 없지만 언제나 다음을 위한 교재로 삼을 수 있다. 스타트가 늦었는지, 글러브 방향이 안 좋았는지 등을 되돌아보고 '다음에 같은 공이 오면 이렇게 해야지' 하고 생각할 수 있다면 실수는 성장과 변화를 위한 에너지가 된다. 그렇게 우리는 연습뿐만 아니라 경기에서의 실수에 대해서도 똑같이 그 이유를 깊게 돌아본다. 그런 시간을 통해 야구는 물론 사회 생활을 위해 필요한 사고력을 키울 수 있기 때문이다.

나는 실수를 한 선수에게 질문을 던질 때 그 모습을 주변에 있는 선수들이 보고 있다는 점을 늘 의식한다. 선수들은 실수를 한 선수와 내가 주고받는 대화를 들으며 나름대로 자신의 생각과 비교해 볼 수 있다. 어떤 선수는 '나도 그렇게 생각했어'라고 생각할 수도 있고, 어떤 선수는 '아니야. 그 판단은 틀렸어. 나라면 이렇게 할 거야'라고 생각할 수도 있다. 그런 과정을 통해 팀 안에 있는 선수들의 의도가 조금씩 조율된다.

그리고 나는 연습을 할 때 확성기를 사용한다. 1대1로 하는 대화를 선수 모두가 듣게 하려고 목소리를 높이면 화내는 듯한 말투가 되어 버린다. 특히 나는 타고난 목소리 탓에 선수들이 더욱 그렇게 받아들일지도 모른다는 걱정이 있다. 화를 내고 있다고 선수가 인식해서는 지도자의 의도가 선수들에게 제대로 전달되기가 어렵다. 모든 선수의 귀에 제대로 들어가게끔 하려면 차분한 말투가 필요하다. 그런 면에서 확성기는 무척 중요한 도구다. 나도 가끔은 언성을 높일 때가 있지만 되도록이면 차분한 톤으로 전달하기 위해 신경을 쓴다. 중요한 것은 내가 하는 말이 아니라 선수에게 전달되는 말이기 때문이다.

비슷한 맥락에서 나는 소위 말해 알을 까거나 글러브에서 공이 튀어나오는 기초적인 실책에 대해서는 조금도 나무라지 않는다. 이런 종류의 실수를 반복하지 않으려면 본인이 연습하는 방법밖에 없다. 선수들 스스로도 잘 알고 있다. 화를 내봤자 선수의 의욕만 꺾일 뿐이다.

생각하고, 질문하고, 비판적인 사고를 할 수 있는 사람

어느 경기 중에 런다운 플레이를 해야 하는 상황이 나왔다. 야수가 주자를 몰고 가다가 "던져!!" 하는 말을 듣고는 바로 홈플레이트 위에서 기다리는 포수에게 공을 던졌다. 결과는 아웃! 얼핏 보면 아무 문제없는 깔끔한 플레이처럼 보였지만 나는 공을 던진 선수를 불러 지적을 해주었다. 자기 스스로 판단하지 않고 포수가 한 말에 따르기만 했다고 보았기 때문이다. 내가 볼 때 그 장면은 야수가 한 발만 더 가서 글러브만 뻗었어도 쉽게 터치 아웃을 시킬 수 있는 상황이었다. 하지만 야수는 그렇게 하지 않고 포수의 말대로만 움직였다. 나는 자신의 눈으로 보고 판단하는 게 중요하다는 이야기를 해주었다.

물론 경기를 하다 보면 자기 위치에서는 잘 파악이 되지 않거나, 제대로 보려고 하면 시간이 걸리는 경우도 있다. 하지만 수비나 주루를 할 때 자신의 눈앞에서 일어나는 플레이에 대해서는 자기 머리로 판단을 하면 된다. 나는 그 부분을 선수에게 분명하게 말해주었다. 자기가 봤을 때 직접 터치 아웃을 시킬 수 있다고 판단했다면 그렇게 하면 된다. 굳이 포수의 말에 의지할 필요가 없다. 다른 누군가의 지시를 기다리기만 하면서 꼭두각시 같은 역할만 해서는 진정한 의미로 야구를 하고 있다고 할 수 없다.

물론 정신없이 펼쳐지고 있는 런다운 상황에서 "던져!!" 하는 말을 듣는 순간, 자기도 모르게 공을 던져버리는 일도 있을 수 있다. 야수가 거리감 조절을 잘 못하는 경우에도 알려주는 것이 좋을 때도 있다. 어떤 관점으로 판단하느냐에 따라 과정과 결과가 달라질 수 있는, 참으로 어려운 플레이이기도 하다. 그래서 나는 야수들끼리 의견을 나누게 하고 실제로 해보면서 어느 방식이 좋은지 비교해 보라고 했다. "이렇게 해." 하면서 답을 하나로 정하는 건 쉽지만 그래서는 수동적인 선수가 되어 버린다. 생각해 볼 아이디어나 힌트를 몇 가지 주고 선수 스스로 판단하도록 하면 당연히 시간은 걸리겠지만 그런 시간을 통해 확실하게 자기 것을 만들 수 있다.

가끔은 선수가 나에게 먼저 의견을 말하는 경우가 종종 있다. 선수가 자신의 생각을 말할 수 있는 관계와 환경을 만들어야 한다고 늘 생각하고 있기에 나로서는 그런 모습을 볼 때마다 무척 기쁘다. 선수가 하는 제안이나 의견에 대해서는 내 나름대로 판단을 한다. 선수의 생각대로 하라고 할 때도 있지만 "이런 관점에서 보면 조금 힘들지 않을까?" 하고 말해주며 받아들이지 않을 때도 있다. 선수와 대화를 나누는 과정 속에서 한번 더 제안을 수정하기도 한다. 선수가 하는 모든 제안을 받아들이면 나의 책임을 회피하는 일이 될 수도 있다. 고등학생이 나름대로 열심히 생각한 것들을 살려주고 싶은 마음도 있지만 아무래도 감독인 내가 고등학생보다는 경험이 많기 때문에 말해줄 수 있는 것도 있다. 이 부분을 잘 조절하는 것도 지도자의 역량 중 하나가 아닐까 생각한다.

선수가 자신의 생각을 편하게 말할 수 있는 환경을 만들기 위해 나는 선수와의 거리를 너무 멀리하거나 너무 높은 곳에 서지 않으려고 늘 조심한다. 선수의 의견을 무턱대고 부정하면 선수는 감독에게 말해봤자 소용없다고 느끼게 된다. 그런 경험을 한 번 하면 다음부터는 자신의 생각을 말하지 않게 된다. 비록 마지막에 가서는 받아들이지 않거나 일부만 받아들인다고 해도, 선수와의 소통을 원활하게 하기 위해서 선수의 의견은 되도록이면 받아들이려고 신경을 쓴다.

학생 선수에게는 스스로 생각하고, 자신의 의견을 말하면서 대화를 나누는 시간이야말로 가장 큰 성장의 기회다. 사회에 나가서도 그렇게 할 수 있는 인간이 되어야 한다. 자신의 의견을 말하고, 궁금한 것은 질문하고, '이건 아닌 것 같은데?'와 같은 비판적인 사고도 할 수 있는 사람을 키우는 일. 이것이 게이오기주쿠고등학교 야구부의 이상이다.

누구나 하는 연습을 남다른 목적의식으로!

트레이닝을 할 때도 각각의 운동이 무엇과 연결되는지를 반드시 의식하도록 지도한다. 배트의 같은 부위에 공을 맞춰도 파워의 차이에 따라 내야 뜬 공이 되기도 하고 내야수의 머리를 넘기는 바가지 안타가 되기도 한다. 외야 뜬 공으로 잡힐 타구가 펜스를 넘어가는 타구로 바뀌기도 한다. 이런 부분을 분명히 의식하고 운동을 하도록 이끌어준다. 분명한 목적의식을 가지고 운동을 하는 경우와 별 다른 생각 없이 그냥 움직이는 경우는 결과가 크게 달라질 수밖에 없다. 그래서 나는 종종 "이건 무엇때문에 하는 거야?" 하고 물으며 선수가 어떤 생각으로 운동을 하고 있는지를 체크한다.

지금 내가 하고 있는 일이 무엇으로 이어지는지를 생각하는 것도 사회에 나가면 필요한 일이다. 회사에 신입으로 들어갔는데 귀찮은 자료 작성 업무를 맡았다고 해보자. 신입 사원은 더 화려한 일, 보다 인정을 받을 수 있는 일을 하고 싶을 지도 모른다. 하지만 겉으로 드러나는 일을 뒤에서 뒷받침하는 업무도 누군가는 꾸준히 해주어야 한다. 그런 전후맥락을 이해하면 같은 일이라도 더욱 열심히 하게 된다.

기초 트레이닝은 주로 여름 대회가 끝난 이후의 비시즌에 많이 한다. 1년 내내 같은 연습이나 트레이닝을 하면 기술 향상의 효과가 적다. 심리적으로도 지치게 된다. 할 때는 하고 쉴 때는 쉬도록 하면서 연습량을 조절해 주는 전략이 필요하다. 예를 들어 여름 대회가 끝난 직후에 대회를 가정한 연습을 하면 체력적으로나 정신적으로도 의미가 있다고 할 수 없다. 세계적인 선수들 중에는 올림픽이 끝나면 길게 휴식 시간을 가지거나 종목에 따라서는 1년 정도를 쉬는 경우도 있다. 필요한 시간이라고 생각한다. 고교야구는 1년 정도 쉬는 일은 있을 수 없지만 며칠 동안 푹 쉬거나 공을 만지지 않고 하는 연습을 하기도 한다. 가끔은 환경을 바꿔서 백사장이나 산자락을 뛰기도 한다. 여름 대회가 끝나고 3학년이 빠져나가는 8월 초에는 해마다 1,2학년만 데리고 일주일 정도 홋카이도로 합숙훈련을 다녀온다. 환경이 바뀌기 때문에 기분 전환도 되고 날씨가 비교적 시원해서 연습을 하기도 좋다. 식욕도 올라간다. 정신적인 면과 체력적인 면에서 좋은 점이 있다.

"게이오만의 연습 방법이 있을까요?"

기자들로부터 종종 듣는 질문이다. 결론부터 말하자면 다른 학교에는 없는 특별한 연습은 하지 않는다. 남들이 하지 않는 연습을 하기 보다는 어떤 팀이라도 하고 있는 연습의 질을 최대한 높이려고 한다. 연습 하나하나를 높은 목적 의식을 가지고 하려는 자세, 연습이 끝나면 스스로 돌아보 며 어떻게 하면 다음에는 더 잘할 수 있는지를 탐구하는 자 세가 다른 학교와의 차이를 낳는다고 나는 믿는다.

그래서 연습 시간 중에 되도록이면 개인 연습 시간을 선 수 각자가 만들도록 유도한다. 코치에게 스윙을 봐달라고 요청하거나 캐칭 연습을 위해 공을 굴려달라고 부탁할 수 도 있다. 야구공이 아닌 소프트한 공이나 배드민턴 셔틀콕 을 이용해 타격 연습을 할 수도 있다. 자신이 부족한 부분 을 보완하기 위해 스스로 방법을 찾아 연습하는 시간이다. 짧아도 좋으니 하루에 조금이라도 이러한 시간을 꼭 만들 어 주고 싶다. 이렇게 분명한 목적의식을 가지고 연습을 할 수 있다면 특별한 연습은 필요하지 않다고 생각한다.

지도자로서 매일매일 성장하는 즐거움

쓰쿠바대학교 대학원에서 코칭에 대한 연구를 하면서 쓰쿠바슈에이고등학교의 코치를 맡았다. 새로운 자극을 받 을 수 있었던 시간이었다. 당시 감독은 야쿠르트와 롯데에 서 활약한 전 프로야구선수 아이씨였다. 아이씨는 선수 생 활을 마치고 교사 자격증을 따서 고등학교 감독이 되었다. 이후에 니혼햄의 수석 코치가 되었고 지금은 삿포로국제대학교에서 교수를 하고 있다. 프로와 아마추어를 오가며 보기 드문 경력을 가진 분이다.

아이 감독님 밑에서 코치로 일하며 코칭 스태프의 역할 분담이 중요하다는 점을 크게 배웠다. 감독 밑에는 부장과 부부장이 있었고, 나를 포함해 코치 두 명이 다양한 역할을 맡아 선수들을 지도했다. 나는 혼난 선수를 달래주는 역할을 맡을 때가 많았다. "그때 감독님이 그렇게 말한 건 네가 그 플레이를 할 때 중요한 부분을 보지 않았기 때문이야. 다음에는 잘 챙겨볼 수 있도록 하자." 이렇게 감독님이 말하고자 하는 내용을 알아듣기 쉽게 전달하는 일을 자주 했다. 의욕이 떨어진 선수에게는 다시 힘을 내도록 격려를 하고 달래기도 하는 일을 했다. 선수 한 명 한 명이 모두 다르며, 선수를 소중히 여기고 이해하는 일이 무엇보다 중요함을 배웠다. 서로 다른 인간이기 때문에 모든 것을 이해할 수는 없다고 해도 되도록 자세히 지켜본 다음 판단해야 한다는 사실을 체감한 시간이었다.

코치 2년 차 때 여름 이바라키현 대회에서는 졸업 후에 요미우리에 입단한 투수 가모시다 타카시를 중심으로 팀 창단 후 처음으로 8강 진출을 이뤄냈다. 솔직히 전력이 그다지 강한 팀이 아니었기 때문에 '이 팀한테는 못 이길 거야' 하는 마음도 있었지만 선수들은 그런 어른들의 예상을 비웃으며 큰 일을 해냈다. 고등학생이 가지고 있는 잠재력은 정말 엄청나다는 사실을 느낀 경험이었다. 어른의 생각으로 '이 정도겠지' 하는 틀에 가두어서 미리 포기하면 안 된다고 뼈저리게 느꼈다. 이후로는 고등학생이 가지고 있는 가능성은 무한하다는 것을 가슴에 새기고 가르치고 있다.

연습 계획을 작성하거나 경기 중에 지시를 내리는 일은 감독이 하는 일 중에 극히 일부분이라는 점을 아이 감독님을 보며 배웠다. 아이 감독님은 학부모를 상대하는 일, 가정 환경에 문제가 있는 선수를 관리하는 일, OB회, 후원회, 학교, 고등학교 야구연맹과 교류하는 일, 더 나아가 지역 주민과 유대 관계를 맺는 일을 포함해 그라운드 밖에 있는 많은 일들을 해내고 계셨다. 대학교 때 학생 코치를 하면서 감독은 정말 힘든 자리라고 충분히 이해했다고 생각했는데 다시 한번 실감할 수 있었다. 감독에 대해 미처 몰랐던 일, 잘못 이해했던 일이 정말 많았다.

요즘은 감독의 역할을 하면서 더욱더 배우는 자세를 가져야 한다고 느낀다. 야구와 관련된 모든 분야에서 여러 연구가 눈에 띄게 빠르게 진행되고 있다. 지금까지 알고 있던 지식과 경험만으로는 제대로 승부를 할 수가 없다. 최신 정보를 늘 접할 수 있도록 안테나를 세워두는 게 매우 중요한 요즈음이다.

예를 들어 요즘 미국에는 플라이볼 이론이 널리 퍼지고 있다. 이런 새로운 트랜드가 등장할 때 아무런 생각없이 그냥 받아들이거나, 또는 맹목적으로 부정해서는 곤란하다. 그런 이론이 우리 고교야구에도 적합한지, 우리 팀에 맞는지를 잘 따져보고 판단해야 한다. 명문 고교야구팀에서 하고 있으니까, 많은 팀들이 하고 있으니까 따라 하는 자세를 가져서는 안 된다. 항상 배우는 자세를 가지되 스스로 이해하고 판단하려는 노력이 중요하다.

선수도 물론이지만 지도자야말로 끊임없이 탐구하는 자세, 자신을 갈고닦기 위한 노력을 계속 해야 한다. 이렇게 이야기하면 탐구하고 배우려는 노력이 마치 부담스러운 의무인 것처럼 보이지만 본래 안테나를 세우고 공부하는 과정은 즐겁다. 그런 노력이 즐겁지 않다는 게 오히려 이상한 일이다. 선수가 연습을 통해 성장했다고 느낄 때와 마찬가지로 지도자도 공부를 통해 조금이라도 성장했다고 느끼면 재밌고 즐거울 수밖에 없다. 선수에게만 성장을 요구할 게 아니라 지도자도 함께 성장해 나가야 한다.

자기 자신을 완벽한 사람처럼, 위대한 인물처럼 보이게 만들 필요가 전혀 없다. "내가 시키는 대로만 하면 고시엔에도 갈 수 있고 프로 선수가 될 수 있어." 이런 태도로 선수를 대하는 지도자들이 있다. 어쩌면 정말 대단한 지도력을 가진 분일지도 모른다. 하지만 나는 그런 입장과는 거리가 멀다. 나는 그저 지도자로서 매일매일 조금이라도 나아지는 즐거움을 느끼고 싶다. 지도자가 성장하지 않으면 팀도 성장하지 않는다고 나는 굳게 믿는다.

다시 내리는
고교야구의 정의

무엇보다 야구를
싫어하지 않도록

나는 초등학교 저학년 때 야구를 시작했다. 야구팀에 들어간 건 아니었고 학교 운동장에서 친구들과 손야구를 하거나 근처에 있는 놀이터에서 캐치볼을 하는 정도였다. 야구는 여러 놀이 중 하나였다. 중학교에 진학해서 처음으로 야구팀에 들어갔다. 운이 좋게도 당시 지도자분들은 실전과 같은 연습을 많이 시켜주셨다. 덕분에 야구 공부를 많이 할 수 있었고, 고등학교에 가서도 계속 야구를 하고 싶다는 생각이 크게 자리를 잡았다. 돌이켜보면 야구를 '싫어하지 않도록' 해주셔서 정말 감사할 따름이다. 만약 그때 매일 스윙은 천 개씩 하고 펑고는 몇 백 개씩 받는, 이른바 '근성 야구'를 강제로 했다면 나는 다른 길을 갔을 지 모른다.

학창 시절은 어디까지나 지나가는 과정이다. 일본 고교 야구에는 고시엔을 최종 목표로 삼고 그 목표를 향해 모든 것을 쏟아부어야 한다는 풍조가 있다. 하지만 몸과 마음이 성장하는 단계를 생각해 보면 고작 18살이 인생에서 절정의 시기일 리가 없다. 대학교에 진학을 해서도 인간은 성장하고 사회인으로 진출해도 성장한다. 심지어 그보다 시간이 더 지나도 인간은 계속 성장한다. 지도자라면 고등학생단계는 어디까지나 지나가는 과정일 뿐이라고 생각해야 하는 게 정상이다.

고등학생 때는 몸도 그렇게 크지 않고 구속도 시속 140km가 나올까 말까 하는 수준이지만 졸업을 하고 체격도 좋아지고 공도 빨라져서 좋은 활약을 펼치는 선수들이 있다. 모리타 코우스케가 바로 그런 경우다. 코우스케는 2019년 도쿄 6대학 리그에서 릿쿄대학교를 상대로 1안타 완봉이라는 빛나는 피칭을 보여주기도 했다. 코우스케 같은 선수들을 볼 때마다 초중고 시기는 성장하는 단계에 지나지 않는다고 느끼게 된다. 나와 함께 운동을 하는 선수들이 야구를 더 좋아하게끔 만들어서 다음 단계로 보내는 것이 나의 역할이라고 마음속 깊이 되새긴다.

'하는 스포츠'로서의 가치를 이어나가려면

책을 시작하면서도 적었지만 나는 고교야구를 통해 야

구와 스포츠의 가치를 높이고 싶은 마음이 크다.

'야구를 하면 이렇게 좋다.'
'부모가 봐도 야구를 통해 아이가 이렇게 성장했다.'

앞으로는 이런 측면을 세상에 보여주지 않으면 야구를 선택하지 않을 가능성이 높다. 야구뿐만 아니라 스포츠 전체가 '하는 스포츠'에서 '보는 스포츠'로 바뀌어 가는 추세다. 걱정스러운 현상이다. 실제 프로야구의 관중수는 꽤 늘었지만 야구를 하는 어린이는 줄고 있다. 이제는 스포츠를 엔터테인먼트 중 하나로 여기고, 직접 하는 재미로부터는 멀어지는 분위기다.

학교도 비슷한 방향으로 가고 있다. 운동부 활동 시간을 줄이고 수업 시간을 늘리는 쪽으로 가고 있다. 명문대 진학률이 높은 학교는 더더욱 그렇다. 전에는 재수를 각오하면서까지 운동부 활동을 열심히 하곤 했다. 운동부 활동을 마무리하고 공부를 본격적으로 시작해 도쿄대학교나 교토대학교에 합격하는 사례가 적지 않았다. 요즘은 그런 모습이 점점 사라지고 있다. 공부를 하는 학생은 공부만 하고, 운동부 활동을 하는 학생은 운동만 하는, 완전히 양극단으로 갈리는 모습이다.

물론 이러한 흐름을 무턱대고 부정할 수는 없지만 직접 해봐야 비로소 알게 되는 것들이 반드시 있다. 나는 야구를 통해 야구 선수로서의 성장뿐만 아니라 인간으로서의 성장도 실현할 수 있다고 믿는다. 그런 가치를 더욱 높이지 않으면 야구와 스포츠를 멀리하는 사람이 더욱 많아질 것 같아서 걱정이 크다. 지금이 갈림길이 아닌가 느끼고 있다. 생각하는 힘을 기르고, 실제로 몸을 움직여서 행동하는 힘을 키우고, 자기 자신 이외에 팀을 위해 공헌하기 위한 방법을 생각하고, 스포츠맨십을 기르는 일. 야구에는 이런 가치가 있다는 점을 세상에 어필할 수 없다면 야구를 멀리하는 현상은 서서히 진행될 것이다.

'프로야구 선수가 되면 좋겠지만 공부를 못하게 될 것 같아 걱정돼.'
'야구는 부상 위험이 커.'
'옛날 지도자를 보고 있으면 시키고 싶은 마음이 안 들어.'

요즘 야구 인구를 늘리기 위해 야구 교실과 같은 여러 활동이 곳곳에서 벌어지고 있지만 냉소적으로 보고 있는 부모들이 많다. 세상이 야구를 보는 눈이 제법 차가운 편이다. 점점 싸늘해지고 있는 인식을 바꿀 수 있는 가치를 제공하지 않으면 야구는 '하는 스포츠'로 선택을 받을 수 없다.

야구뿐만 아니라 모든 스포츠는 정말 멋있다. 얼마 전 일본에서 열린 럭비 월드컵을 재미있게 보았다. 격렬하게 몸과 몸이 부딪치고 때로는 서로 주먹이 오갈 정도로 흥분을 하다가도 경기가 끝나면 서로 수고했다며 악수를 하고 포옹을 한다. '스포츠는 정말 멋지다!' 하고 느낄 수 있는 순간이었다. 야구도 같은 감상을 불러일으켜야 한다. '야구는 정말 좋구나.' '야구를 하면 이렇게 멋진 인간으로 자라는구나.' 많은 사람이 야구에 대해 이렇게 생각할 수 있도록 모두가 노력해야 한다. 이를 실천하기 위해서는 지금까지의 개념과 사고 방식으로는 부족하다. 지도자부터 새로운 야구의 모습을 보여주어야 한다. 기존과는 다른 스타일과 사고 방식, 가치관을 가지고 지금까지 붙잡고 있던 '고교야구만의 상식'에 질문을 던져야 한다.

어떤 상황도
배움의 기회가 된다

2020년은 원래 도쿄 올림픽과 패럴림픽이 열리며 스포츠가 화제의 중심이 되었어야 할 해였다. 하지만 코로나 때문에 상황이 완전히 바뀌었다. 코로나가 전 세계로 확산되면서 우리의 삶이 크게 달라졌다. 야구부도 큰 영향을 받았다. 2월 말에 정부가 전국에 있는 학교에 휴교를 요청했다. 봄방학 연습과 합숙 훈련도 중지되었고, 봄 지역 대회도 열리지 않았다. 4월에는 긴급사태선언이 이어졌다. 집 주변에서 개인 연습을 할 수밖에 없었다.

그러던 차에 5월 20일에는 고시엔 대회도 취소되어 '일본 정상'을 향한 큰 꿈도 사라졌다. 이후로 6개월 동안 야구부원들과 나는 거친 파도에 몇 번이나 부딪히며 마음이 꺾이는 순간을 마주해야 했다. 그때마다 온라인으로 미팅을 하며 혼자가 아님을 상기시키면서 계속 서로의 마음에 불을 붙였다. 그냥 현실의 파도를 맞으며 버티기만 할 게 아니라 우리들의 생각을 주체적인 행동으로 옮길 방법은 없을까 이야기를 나누었다. 지역 야구 연맹에 선수들 모두가 손편지를 쓰자는 아이디어가 나왔고 우리는 그것을 실천했다. 그런 노력의 결과로 6월 말에 연습을 재개해도 좋다는 허가가 나왔다. 시간과 인원수에는 제한이 있었지만 우리는 그라운드에서 동료들과 함께 야구하는 풍경으로 돌아올 수 있었다. 7~8월에 걸쳐서는 고등학교 야구연맹이 힘을 써주어서 각 지역에서 대회가 열렸다. 3학년들이 마지막으로 뛸 무대를 마련해주어서 지도자로서 정말 감사한 일이었다.

코로나로 잃어버린 것이 많았지만 한 편으로는 일상의 소중함을 깨달은 시간이었다. 날마다 하는 연습, 주말마다 하는 연습 경기, 그리고 계절이 바뀌면 열리는 대회, 그 어떤 것도 당연한 것들이 아니었다. 동료와 함께 그라운드에서 하는 연습, 상대 팀과 연습 경기를 하며 서로의 기량을 갈고 닦을 수 있는 기회, 대회에 나가 긴장감이 감도는 속에서 승리의 기쁨과 패배의 분함을 맛보는 경험, 이 모두가 정말 감사한 일임을 깨달았다. 행복은 잃어버렸을 때 비로소 알게 되는 것일지도 모른다. 야구를 하는 행복을 잃어버린 시간이 있었기에 그것이 얼마나 소중한지 절실하게 느낄 수 있었다.

지금껏 경험해 본 적이 없는 시련이 닥쳤을 때 가만히 서 있기만 해서는 아무것도 바뀌지 않는다. 절망을 희망으로, 위기를 기회로 바꾸려면 무엇을 할 수 있는지 생각해야 한다. 주어진 상황은 쉽게 바꿀 수 없지만 나 자신의 생각은 당장이라도 바꿀 수 있다. 집에서 어떤 코어 트레이닝을 할 수 있을까? 스윙 연습만으로 변화구 대응 능력을 개선할 수 있을까? 벽에 공을 던지는 연습으로 수비 실력을 높일 수는 없을까? 이렇게 창의성을 발휘해 시행착오를 거치는 일은 즐겁다. 누군가로부터 들은 것을 아무 생각 없이 따라 하는 것보다 훨씬 가치가 있다. 생각하기를 멈추지 않으면 어떤 상황도 배움의 기회, 성장의 계기로 삼을 수 있다. 코로나뿐만 아니라 인생에 시련은 늘 일어난다. 야구부는 그때를 위해 생각하는 훈련을 하는 곳이다.

그런 면에서 코로나라는 상황은 사회 전체에도 새로운 기회라고 생각한다. 그저 코로나 이전으로 돌아가려고 하기 보다는 새로운 가치관과 사고 방식을 만들어 보면 어떨까 하는 생각을 해본다. 지도자 역시 자신의 야구관을 다시 돌아보고 선수와 학부모와의 관계, 연습 방법을 포함해 모든 면들을 개선할 수 있는 기회로 삼을 수 있을 것이다.

끝으로 나를 야구의 오묘한 세계로 이끌어주신 세 분의 은사님께 감사의 말씀을 드리고 싶다. 한 분은 게이오기주쿠중학교 보통부 야구부의 나이토 선생님이다. 처음 야구팀에 들어간 나에게 다음 단계로 나아가고 싶다는 의욕을 많이 북돋아주셨다. 또 한 분은 게이오기주쿠고등학교 전 감독이신 우에다 선생님이다. 우에다 선생님 밑에서 나는 선수, 학생 코치, 조감독을 했다. 감독이 된 지금도 계속 지도편달을 받고 있다. 야구 지도자가 된 것도, 모교에서 감독을 맡게 된 것도 우에다 선생님이 계시지 않았다면 있을 수 없는 일이다. 마지막 한 분은 코치로 있었던 쓰쿠바슈에이고등학교의 전 감독이자 니혼햄 파이터스에서 수석코치를 하셨던 아이 선생님이다. 선생님 덕에 대학원에서 배운 코칭 이론들을 코치로서 실천할 기회를 얻을 수 있었다. 이 외에도 여기에는 다 적지 못할 정도로 많은 분들의 도움을 받았다. 그 분들 덕에 지금의 내가 있다.

씽킹 베이스볼 Thinking Baseball

초판 1쇄 인쇄 2024년 8월 5일
초판 1쇄 발행 2024년 8월 12일

지은이   모리바야시 다카히코
옮긴이   김대현
편집   최승표
디자인   정면 조재영
인쇄   홍디자인
펴낸곳   코치라운드

출판등록 2022년 2월 8일 신고번호 제2022-000020호
주소   경기 용인시 기흥구 동백7로 96 2315-1901
전화   070-4797-3004
전자우편 choopa3000@gmail.com
홈페이지 www.coachround.com

ISBN   979-11-981407-2-2 (03690)